JN025935

変動期を乗り越えるためのマネジメント　十川廣國

Sogawa Hirokuni

Management for the age of fluctuation

東洋館
出版社

はしがき

　長い年月を経営学分野の研究に携わってきた私にとって，この変動期を企業が乗り越えるマネジメントのあり方が求められているのではと思い始めたのが1年少し前のことであった。おこがましいことであるが自分の研究してきたささやかな経過を辿りながらこの問題に取り組むことができないかと考え始めた。

　このような課題について過去の研究のエッセンスに加えて新たな研究結果を取り入れながら，若い方々向けに変動期のマネジメントのあり方について比較的わかりやすくまとめてみようという思いに至った。日本的経営ともてはやされた時期を経ても基本的には日本の企業経営は変化していないのではないかとも考え始めた。

　例えば企業が環境に働きかけるのではなく環境に対して常に受け身の姿勢でいたのではないのかという問題である。そのため環境が変化しても組織やマネジメントのあり方は変わらないことになり，新たな戦略展開が困難になっているのではと考えられる。

　本書の構成は8章からなり次のようになっている。第1章では高度成長期の企業の戦略行動を振り返るとともに，この時期に確立されたマネジメントがどのような経緯を経て誕生したのかその特徴的な点はどこにあるのかについて概略し，今日企業が抱え解決しなければならないと考えられる課題はどこに存在するのかについて探ってみる。第2章では高度成長期の産業・企業についてその前段階の問題から論じ，第3章では経済成長期における日本企業のマネジメントの進化についてふれながら国際市場において企業が地歩を構築してきた経緯とその特徴について概括する。第4章ではマクロ的な視点から離れ，いま少し企業をマネジメント・レベルから見ることによって，より具体的に日本企業のマネジメントの特徴について振り返り問題を確認する。現在の企業経営の課題のひとつとして第5章ではコーポレート・ガバナンスについて論じる。

これらの検討を踏まえ第6章では変動期に克服すべき企業の課題とは何なのかを提起し，第7章，第8章ではその解決策を提案しようとしている。

　これまでの研究活動において指導教授をはじめ多くの先生方にお世話になった。私を研究者の道に導いてくださった故中西寅雄大阪大学名誉教授，そして日ごろからご助言をいただいたお二人の慶應義塾大学名誉教授である野口祐，清水龍瑩先生に感謝申し上げたい。また高橋蔦美先生，遠藤乙彦先生にご迷惑をおかけしたことをこの場を借りてお詫び申し上げます。

　本書の出版にあたっては東洋館出版社の社長錦織圭之介氏にご協力をお願いし快諾いただいた。ここに感謝申し上げたい。そして編集の労をとってくださった東洋館出版社編集部長畑中潤氏に同じく御礼を，また推薦文をお書きいただいた経営コンサルタント出縄昊一氏に御礼を申し上げたい。そして最後に家族に感謝したい。

2020年5月

十川　廣國

目　次

第 1 章
問 わ れ る 日 本 企 業 の 競 争 力

　企業の競争力のあり方が問われるようになって久しい。グローバル化や技術革新のもと日本経済は景気回復途上にあるとはいえ環境変化の大きなうねりのもと多くの企業が競争力劣化という状況から脱却するために解決策を模索しなければならないという課題に直面している。輸出型企業の好調ぶりが目立つものの，多くの企業は戦略だけではなくマネジメントのあり方にかかわる問題に直面している。

　そこで，この章では高度成長期の企業の戦略行動を振り返るとともに，この時期に確立されたマネジメントがどのような経緯を経て誕生したのか，その特徴的な点はどこにあるのかについて概略し，そのうえで企業が抱え，解決しなければならないと考えられる課題はどこに存在するのかについて探ってみることにしたい。

1．高度経済成長と産業・企業

　日本の産業あるいは企業が，戦後しばらくして国際競争力構築を目指し動き始めたのには二つの理由があったといわれている。ひとつは経済の国際社会への復帰のためという目的であり，他方はその後の経済の自由化にいかに対処するのかという課題を解決するという点であった。この事実関係はよく知られているところであるが，後の議論のために簡単に振り返っておくことにしたい。

国際競争力構築を目指した産業政策

　国際競争力構築のための政策的手段こそが，産業政策であった。産業政策の理解については理論的視点と政策担当者の考え方の間には隔たりがあったことが指摘されている。小宮隆太郎らの『日本の産業政策』では，理論的視点からの産業政策は次のように捉えるべきであるとの指摘がなされている。

産業政策の二つの視点

理論家の視点

　産業政策は本来，市場価格機構のもとで生じている資源配分の歪みつまり「市場の失敗」に対処するための政策的介入であるとされる。したがって理論家の視点は現実市場では市場メカニズムが十分に機能せず，資源の有効配分が実現されなくなっているための政策的介入が必要であるとするものであり，そのこと自体が産業政策という立場にほかならない。

政策担当者の視点

　一方，政策担当者の視点からの産業政策とは，経済の自由化の動きに対して日本の産業あるいは企業がいかに対処したらよいのかといった課題を解決するための手段と位置づけられた。その目的はとりわけ日本の企業・産業の国際競争力強化に主眼があったのである。

　理論的視点からは，市場メカニズムの正常な機能を回復させる手段として産業における競争のあり方を問題にするのが本来の産業政策の姿であるとされ，政策担当者の構想する産業政策は自由市場経済のあり方を歪めるものであると批判された。日本の産業が競争力を構築し経済成長を遂げるようになり，実践的な意味の産業政策は積極的な産業への政策的介入をもたらし担当機関である当時の通産省は後に「悪名高き MITI」と海外で呼ばれることになったことはよく知られているところである。明らかなように，産業政策のあり方については前述の理論的視点からの批判的見解はあるものの，その特徴は政府主導の経済政策のもとで産業の将来のあり方が構想されたところにある。

　その結果，政策的に提示された方向に向かって欧米先進国にキャッチアップするために，企業の経営努力に対する方向づけが行われ日本経済の高度成長がもたらされたことはまぎれもない事実である。この点について若干当時の年次経済報告の記述を参照しながら確認しておきたい。

高度経済成長と産業政策

『昭和41年度年次経済報告』は次のように産業政策の意義を述べている。

経済が成長するにつれて，世界経済の中の日本の地位，需要構造，労働力や資本の需給関係，生産技術等あらゆるものが変わってくるという主張のもとに次のように産業政策の意義を主張している。

産業政策の意義

状況が変化するなか，産業構造や生産の方法をそのままにして拡大していくことはできないと判断し，そのため均衡のとれた成長の実現が必要であり，変化の方向に沿って，経済構造や産業構造を適応させていかなければならないとし，そのような適応を推進し新しい産業体制の発展を促すことが産業政策の重要な任務であるとしている。

日本では，戦後初期には傾斜生産方式・基幹産業の育成・重要物資の低位価格安定・輸出の振興などの政策がとられ，高度成長期には重化学工業化，産業構造の高度化などの政策が実行された。そこでは，経済の成長や国際経済とのかかわりで，国内経済のあり方は変化していくものであり，新たな発展を目指して経済構造や産業構造を適応させていくことが重要と考えられた。『昭和41年度年次経済報告』に説明されているように当時には資本の自由化に直面し，産業の競争力の強化という目的で主要産業での大型合併を促進するという政策がとられた。

このように産業政策が将来の日本経済を支える大いなる手段になっていったことは否定できないところである。ただ，ここで念頭に置いておかなければならないのは，こうした動きのもと産業が活況を呈すると同時に，後に多角化などによる新規企業の横並び的な参入が電機などの産業で行われたという事実である。この結果が後述する将来の業界での激しいシェア獲得競争をもたらした遠因でもある。

高度成長下の日本企業の経営の評価：欧米の研究者の目

　産業政策に支えられ，高度成長を実現した日本経済・産業・企業についての評価は，これまでさまざまな人々によって行われてきた。そのなかで多くの欧米の研究者たちが，日本企業の経営について論評している。

　ここでは，前半の議論については主としてバランソンによって著された『日本の競争力』に依拠しながら，高度成長期に日本企業のマネジメントの評価が海外の視点からどのように行われていたのかについて振り返っておくことにしたい。そこではエコノミストの視点から包括的な議論がなされていたと考えられるからである。

日本の競争力を支えた要因―企業の自主的努力

　産業政策によって日本経済，日本企業のダイナミックな活動が下支えされてきたことはすでに指摘したとおりである。そのことが日本の経済・企業の競争力を強化した理由でもある。しかし，企業がそのような政策枠組みのもとで行動したとはいえ，企業自体の自主的な努力や労働力の質の高さが大いに高度経済成長に貢献したことを認識しておかなければならない。

　その具体的な要因としてバランソンは次の5点を指摘している。

①　日本産業の製品設計能力，エンジニアリング能力，生産管理能力。これら能力が成長段階において向上している。
②　労働力の質と生産性。
③　生産設備の継続的合理化，近代化。
④　企業が思い切った方針を打ち出せるような経済，金融環境があったこと。
⑤　政府と産業界の関係が日本企業を支援し，対外競争力強化を応援するものであること。

　①については，高度成長期において家電製品や自動車に象徴される日本企業の高い生産性を実現した要因である。日本の産業では精度の高い部品を製造することのできる中小企業が育成されていったこと，組み立てメーカーが生産現場レベルの効率化，高品質・高機能維持の方策に集中することによって国際競

争力を構築してきたことである。

　そのことが，高度成長期に日本企業が欧米企業と競争可能な力を構築する手段となったことは間違いないであろう。これには加えて，企業経営における日本の文化的特性も大いなる貢献をしたといえる（⑥で述べる）。

　②は，戦後企業活動の復興のために企業は農村地帯から従業員を受け入れ，熟練労働者として育成するという方策を積極的にとったこと。そのために，従業員は長期にわたって企業に勤務することが求められ，そこで定着率向上の方策として工夫されたのが，年功序列制であり，退職金制度といった諸施策である。

　③については，日本企業は世界経済のなかで後発という段階からスタートしたため，国際競争力を確保するためには生産設備の合理化・近代化に努めなければならなかったということの指摘である。このような方策を実行に移すことができたのには，次のような背景が大きく寄与したためであるといえる。

　産業政策に加え，戦後再編成された企業集団，つまり系列の存在によってほとんどの大企業は長期的な投資を継続して行うといった経営を実践することができた。この点はガバナンス問題について述べる箇所で改めてふれることにしたい。

　④はこれも上記③とかかわることである。銀行を中心とした企業集団が形成されていたために，金融機関からの融資が容易に得られ，設備投資に向けられたことの指摘である。むろん，この点は後に自己資本比率の低下による自転車操業と呼ばれる弱点を生み出すことになっていくことは周知のとおりである。

　⑤はまさに国際競争力構築のための政府政策，つまり産業政策が実践されたことの指摘である。当時の通産省によって産業の競争力を育成するための保護主義的と見られる政策などが実践された。

　バランソンは以上５つの要因をあげているが，本書ではさらに次の点を付け加えておきたい。

　⑥　文化的特徴と企業経営

　日本企業における経営は「マニュアル型」組織であるアメリカ型企業とは異

なって，心情的なモティベーションを中心とした協働活動を重視したものとして展開されてきた。ジャガーとバリガの指摘のようにアメリカと日本のマネジメントのこのような相違は個人のパフォーマンスを重視する官僚的コントロール・システムと協働を重視する文化的コントロール・システムを，それぞれの企業が重視しているところからくるものと考えられる。

官僚的コントロール・システム

官僚的コントロール・システムは合理性の規範に基づいており，個人の意思決定や個人の責任によって行動がなされるという特徴をもっている。その意味で，企業という組織が全体として状況変化に対して臨機応変に行動を変更させることができるのかという戦略的適応についての問題が生じることにもなる。

文化的コントロール・システム

それに対して文化的コントロール・システムのもとでは，組織の規範，目的そして物事のやり方にコミットすることが中心とされる。したがって意思決定，評価のあり方，責任は個人ベースではなく集団として考えられることになる。このような点から，このコントロール・システムのもとでは組織と個人の価値や規範が一致する程度によって組織の効率が左右されることになる。

このように文化的コントロール・システムでは合意形成を基礎にした意思決定が行われるため，官僚的コントロール・システムに比べ意思決定に時間がかかるものの，安定した外部環境のもとでは組織全体で事に当たるという意味で戦略的適応は円滑に進む可能性が高いといえる。

文化的コントロール・システムの今日的問題

しかしこの点がグローバル化した今日の競争環境ではさまざまな障害をもたらしている原因とも考えられるのではないか。

よく知られている QC 活動は，このようなマネジメントの側面を強調した日本的経営技法として発展したものである（この点については改めて詳細に述べる）。

⑥のような特質をもつ日本の企業組織では，まずは戦後アメリカの近代的マネジメント技法の導入に努め，やがてそれら技法を日本的風土に適合できるよ

うな方向に修正・発展させるというプロセスをとって熟成された。とりわけ日本の産業界は，経営知識・技法の導入を積極的に行っただけではなく，アメリカ的経営理念の導入を試みた時期もあったといわれる。

日本型マネジメント確立とそのプロセスの概要

　日本経済は 1960 年代初期に急速な経済成長を遂げた。その結果各産業内にとりわけ成長業種に進出する企業が多数存在するという現象を生み，企業は国内市場での競争圧力の増大，加えて円の切り上げという外圧に直面するようになった。このため国内での競争圧力，円高という外圧に対処していくためには，競争優位構築のために日本企業独自のマネジメントのあり方を改めて模索するという必要に迫られるようになった。

アメリカの経営知識・技法の導入と修正適応

　こうしたことから，アメリカの経営知識・技法の積極的な導入を試みた日本の産業界の姿勢は，過去の経営実践のあり方を見直そうという行動となって変化を示すようになってきた。当時のアメリカの経営知識・技法などの楽観的な導入姿勢に対して反省の時期を迎え，日本的な文化的コントロール・システムに，より適合した経営実践の展開を模索するという姿勢となって現れてきたといわれている。言い換えれば，直接的な経営知識・技法の導入ではなく，それをベースにして日本企業固有のマネジメント手法を構築する試みがなされ，導入された経営知識・技法の日本の企業環境に適応した形での具体的実践が徐々に行われるようになった。

　例えば，日本企業ではアメリカ企業と同一の基本的な組織形態（職能部門別組織構造，事業部制組織構造）を採用していたとしても，その運用のあり方は官僚的コントロール・システムのもとでの「マニュアル型」組織として運営されるアメリカ型企業とは異なっているということになる。典型的なアメリカ型とは異なり，日本企業での運用はモティベーションを中心とした協働活動を重視したものとして展開されるようになってきた。また小集団活動を基礎としたQC 活動は，このようなマネジメントの側面を強調した日本的経営技法として

11

発展したものである。

マネジメントは絶対的でなく相対的

パスカルらが指摘しているように，マネジメントは絶対的なものではなく，相対的なものであり社会と文化によって規定されると考えられる。

QC活動は本来，近代的な品質管理手法としてアメリカから日本企業に紹介・導入されたものである。それが主として小集団活動として成功を収めたのは，日本企業の経営風土に適合した形で活動の具体化と実践ができたからである。官僚的コントロール・システムを基礎とする欧米企業で典型的であった詳細な職務規程によるマネジメントは，岩田龍子の指摘のように本来権限を支えとし，職務内容を中心とした感情中立的なマネジメントを目指し，個人と職位，職務の関係を中心として行われることが典型とされた。これに対し集団的活動が重視される文化的コントロールを基礎とする日本の経営風土のもとでは，よりモティベーションによるマネジメントと協働活動が重要な意味をもってくる。

その結果，高品質という目標実現のためにQC活動を基礎としてリーン生産方式が確立され，自動車産業に見られたように異なった色のボディー・セダン・ハードトップなどの車種を同一ラインで生産することを可能とし競争優位を構築してきた。QC活動・リーン生産方式が確立した背景には，資産としての従業員，コンセンサスによるリーダーシップの行使といった欧米企業には見られないマネジメント・スタイルの実践があったからである。

岐路に立つ日本のマネジメント

このようなマネジメントを実践することによって企業は長期的目標の追求を比較的容易に現実のものとすることができ，より一層の高い生産性と高品質を武器として競争優位を構築することができたものと考えられる。

近年，このような成長のためのマネジメントを実践した企業も，多角的な競争・技術革新の進展，さらにはコーポレート・ガバナンスの議論の台頭によって岐路に立たされるようになってきた。加えて，サブプライム・ローン問題から生じた経済不況が実物経済に大きな影を投げかけており十分な成長局面にあ

るとは言えず，回復基調に乗りつつあるといわれているが依然経済は低位成長の状況にあった。

　企業は窮境に対処するとともに，長期的には企業自らの維持・発展，経済活性化のために新たな戦略転換に取り組むことが重要な課題となっている。短期的には緊急避難的行動はやむなしといえるが，長期的には既存技術を用いたインクレメンタルなイノベーションはもちろん，さらには新規技術で市場を創造するといったラディカル・イノベーションに企業は挑戦しなければならなくなっている。また同時にグローカル化と称される現象によって地域特性を反映した市場が誕生してきておりそのようなボリューム・ゾーンへの対応の方法も重要な課題となってきた。

　その意味で日本企業の戦略行動のあり方は再び重要な岐路に立たされることになってきている。つまりリーン生産方式によって培われた高品質・低価格の発想やその背景となったコンセンサス方式のマネジメントのウエイトを低め，人々の創造性発揮を促し製品イノベーションの実践を試みるとともに戦略行動をシフトすることがより強く求められるようになっている。品質の維持・向上を目指した方式はその成功によって心理的な飽和状態を結果するようになる。この現象は人々を慣性で行動するように仕向け，人々はやがて発想の転換を拒むようになる。このような戦略的視点では現在のグローバル化現象に対応できないという弊害をもたらしているからである。

２．バブル経済崩壊後の日本企業

　順調な経済成長を遂げ，諸外国から評価を受けてきた日本経済・企業は石油危機後のバブル経済とその崩壊によりこれまでとは異なる経済環境を中心とした企業環境の質的変化に直面することになった。

企業環境の質的変化

　平成 7 年度版経済白書によれば，日本の経済は，1993 年第 4 四半期に 2 年

半に及ぶ景気後退局面を脱し，緩やかな景気回復基調を辿ってきたと評価している。しかし白書は「緩やかな」という表現で示しているように同じ景気回復といっても，従来の景気回復局面とは明らかに異なるという特徴をもっているという点も指摘している。

　当該白書は企業の売上や利益の増加率を比較して，利益について景気回復は，第一次石油危機に次ぐ大きな落ち込みとなった景気後退を受けての回復であるため，過去と同じ増加率を示したといっても利益額の絶対水準は過去の水準に比べて相当に低い状況にあるとしている。また売上についての推移を見てみても，規模の大小を問わず，増加テンポが過去のいずれの回復期をも下回っており，相当に緩慢な増加にとどまっているとしている。

　このように前年度に緩やかな景気回復局面に入ったとの指摘にもかかわらず，企業の経済環境は低迷を続けている状況であった。バブル経済崩壊後の個人所得，消費支出の伸び悩み，主力製品市場の成熟化といった要因が企業の損益分岐点の上昇をもたらした。

企業の損益分岐点の上昇

　図表1に簡単に示したように，損益分岐点の上昇は，景気低迷や主力製品市場の成熟化現象によって生じる製品の価格低下を招き，売上高上昇率の低下という形でもたらされることになる。図では，この点を売上高直線が下方に移動することで示されている。企業のコスト構造が同じであるとすると，減少した売上高でコストの負担をまかなわなければならないことになる。そのため損益分岐点は上昇することになり，図のように左から右に移動することになる。そのため企業としては売上の量でコストをカバーするという行動をとらざるをえず，収益率の低下をさらにもたらしたことになる。このような現象が継続されると，企業には固定費負担の問題が大きくのしかかり，利益実現のために「リストラ」という行動をとらざるをえなくなることになる。

　さらに，この点に加え当時アメリカ企業の生産性改善による競争力の復活などの諸要因が一層の競争激化をもたらすことになった。これらの要因が企業収益の回復を遅らせていたため経済環境は低迷を続ける状況となったのである。

図表1　景気低迷による損益分岐点の上昇

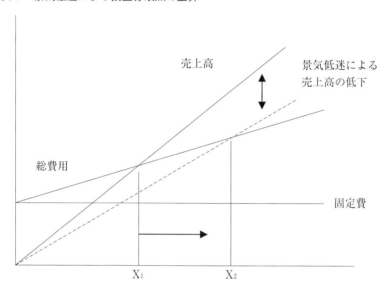

売上低下による損益分岐点の上昇（X₁ から X₂ への移動）

　次に，このようなマクロ経済環境のもとで企業はどのような先行き見通しを
もって行動しようとしていたのかについて見ることにしたい。

企業が判断した景気見通し

　マクロ的な経済的状況を企業経営という立場から見た場合，企業はどのよう
に景気を判断し，戦略決定をしようとしてきたのであろうか。1994 年に実施
された通産省調査（筆者も委員として参加）を参照して，この点を再確認して
おきたい。企業が回答した景気見通しについて見ると，国内景気見通しについ
ては，「上向きとする」企業は 0.8% のみで，「やや上向き」(40.7%)，「不変」
(33.8%) と判断する企業が多くなっており，国内景気回復への期待感がかな
り強く示されていた。

　一方各々の企業が属する業界の景気見通しについても，「上向き」と見る企
業は 0.8% と，国内景気見通しと同じ割合を示しているものの，「不変」と見

15

る企業も 9.8% と多く，「やや上向き」と判断する企業は国内景気見通しに比べ減少し 28.2% となっていた。このように個々の業界にまで景気回復の効果を期待するには時間を要するとする企業側の判断がより強く現れていた。

際立つ日本の成長率の鈍化・イノベーションにも遅れ

企業の国内・業界についての景気見通しとともに回復への期待感はあるものの，現実的には業界の景気見通しの判断に現れていたように，依然厳しい予測が企業によってなされていた。その結果企業収益回復が未だ十分に見込まれず，先行き不透明感が強かったことがわかる。景気は回復基調にあるといわれたものの，まだ企業レベルでは景気回復には不確定要素が存在していたといってよい。

またこの時期，数量ベースでの生産性水準の調査ではフェルドマンの指摘のように，機械産業や他 2 業種を除けば，生産性水準はアメリカより低位にあったと考えられる。さらに一人当たり GDP 成長率は 1970 年を境に 1995 年に至るまで日米格差は縮小の一途を辿り，日本の成長率の鈍化が際立っていたとされている。

このような生産性データの指摘から明らかなように，日本の産業・企業の競争力はもちろん，この時期国の競争力自体もすでに低下していたことを認識しなければならないであろう。強いと思われていた製造業においても，イノベーションに努めてきたアメリカ産業の後塵を拝することになっていたのである。新興国での問題も含め日本企業が発想の転換を求められる理由はこの時期あたりに端を発していたと考えてよいであろう。

企業経営に影響する環境要因

先の生産性問題についての指摘を念頭に置いて，当時の企業が経営活動を展開するうえで最も重要と考える環境要因についてどのような要因を重要と判断し経営を行ってきたのかについて同じく 1994 年の通産省調査を参考にして振り返ってみたい。

主力製品市場成熟化による競争激化

主力製品市場の成熟化（31.6 ％），次いで国内競合他社との競争激化
（21.8 ％）や技術革新の進展（19.2 ％），消費者ニーズの多様化（17.5 ％）と
いった環境要因が重視されていた。マクロ的な景気動向の先行き見通しに加
え，企業は主力製品市場の成熟化，それに伴う競争激化にどう対処するべきか
という課題に当面していたことがわかる。

　例えば，バブル期に自動車需要の高級化は幻であったかのように，国内自動
車市場は沈滞化し，買い替え需要の復活がやや見えるものの製品市場が成熟化
段階に入っていたことは事実で，厳しいシェア競争が展開されていたのが現実
であった。自動車産業の復活の如何が，この産業の裾野が広いだけに景気回復
に大きな影響を与えていたことも否定できない。

経営戦略の動向—危機回避の戦略行動

　このような環境のもとにあった企業が，最重点を置くとする経営戦略につい
て見ると（前出の通産省調査参照），厳しい経済環境のもとでの収益の悪化，
またその回復テンポの鈍さといった状況に対処するために，多くの企業が危機
回避のための行動をとっていたことがわかる。短・中期の最重点戦略として
「合理化・省力化」を位置づけている企業は 1995 年調査では，46.5 ％と最も
多かったが，1996 年調査ではこの戦略を短・中期の最重点戦略とする企業は
31.3 ％に減少し，「新製品開発」を最重点戦略とする企業が 36.5 ％とやや増加
していた。

　前述のような緩やかではあるが，景気回復の兆しや期待感さらには何とか主
力製品市場の成熟化現象からの脱却をという思いも反映されて，短・中期戦略
の重点がややシフトし始めたものと考えられる。

　しかし「合理化・省力化」戦略を短・中期の最重点経営戦略とする企業が減
少したとはいえ，依然約３割と高い比率を示していたことは注目されるところ
である。その理由は次のような要因にあると考えられる。

短期にはマーケット・シェア拡大競争に拍車，中長期には守勢

当時，パソコン市場などでの市況好転は見られるものの，総じて消費者需要

の大幅な拡大は早急には見込めず，限られた市場でのマーケット・シェアをめ
ぐる競争をせざるをえなかったこと，自動車需要に象徴されるように主力製品
市場の成熟化，国際競争力の低下によって多くの企業が売上，利益の確保に奔
走していた状況であったこと，以上2点がその要因であるといってよい。

　全般的な傾向としては，企業はとても短・中期の間に積極的な経営戦略をと
りえないと判断し，厳しい経済環境のもとでいかに多くの企業が守りの経営に
徹していたかがわかる。

**長期戦略の戦略シフトの動向：短・中期的な「合理化・省力化」戦略
から長期の最重点戦略として「新製品開発」戦略にシフトへ**

　パソコン市場の活性化や技術革新の進展によるマルチ・メディア関連で市場
の拡大が望まれ，住宅関連機器の需要が期待できる電機産業では1995年に
39.6％，1996年には55.3％の企業が短・中期戦略でも「新製品開発」戦略に
最重点を置いて経営を展開しようとしていた。その一方で，積極経営の兆しが
見えるこの業界でも，とりわけホワイト・カラー層の生産性を改善・向上させ
なければグローバル化した市場での競争に対処しえないという危機意識も強く
なっていた。

　では長期的な戦略として短・中期戦略からどのような戦略シフトが考えられ
ていたのかを見てみると，長期の最重点戦略としては「新製品開発」戦略が
95年，96年の2年の調査とも各々43.3％，46.7％と第1位にランクされてお
り，企業の体力回復後には，より積極的な「新製品開発」戦略をとることに
よって競争優位の確立を図ろうとする姿勢が明確に現れていたといえる。競争
の成果は製品によってもたらされるものという判断があったからである。

　このような特徴は，次のような企業の戦略シフトの動向があったことからも
明らかである。短・中期的に「合理化・省力化」戦略を最重点戦略とした企業
のうち，どの程度の割合の企業が長期の最重点戦略として「新製品開発」戦略
にシフトしようとしていたかを見ると，1995年では「合理化・省力化」戦略
を最重点としている企業のうちの46.6％の企業が，また1996年には41.5％
の企業が「新製品開発」戦略へシフトするとしていた。

　また全サンプル企業のうち各年ともほぼ同様の 28.3 ％, 29.6 ％の企業が「多角化」戦略を長期的に最重視するとし, 厳しい環境変化のもとで産業構造の変化に対応するために事業転換を迫られている企業がかなりの割合を占めていることがわかる。長期的戦略として「国際化」戦略に重点をシフトしようとしている企業も増加しており, 自動車の国内生産の減少, 海外への生産シフトに見られるような現象が徐々に進行しつつあったといえる。

95, 96 年代の戦略動向の特徴

　最重点経営戦略のウエイトから, 全般的な当時の日本企業の動向としては, 長期的には「新製品開発」戦略を基軸として事業の再構築・競争力の強化を図ろうとしていたという傾向がみられるといえる。主力製品市場の成熟化, 国際競争力の低下を経験した多くの日本企業にとっては, いつまでも現状維持の経営体制では競争優位の構築, 競争力の確保は不可能であるという認識があったからである。その一方で, 短・中期的には「合理化・省力化」戦略でしのげても, 産業構造の変化の波にあらわれて「多角化」戦略や「国際化」戦略にシフトすることによって事業の再建を図らざるをえなかった企業も増加していた。

創造力を基盤にした製品開発力の必要性

　企業の経営戦略として, 長期的に「新製品開発」戦略を最重点とするとしても, 前述のように企業の経済環境は依然厳しく推移していた。企業にとっては, 加えて消費者ニーズの多様化に伴って主力製品市場が成熟し, 従来のような製品開発の方向では購買意欲をそそる新製品にはなりえず, また技術革新の進展による製品の複合技術化といった問題も解決していかなければならなかった。市況回復が比較的はっきりしてきた電機産業においても, このことは同様に重要であった。他方, 業界の垣根を越えた多面的な競争がより本格化し, 競争はより激しい様相に転化せざるをえなかったことを示している。

　こうした状況を前に, 企業は創造力を基盤にした製品開発力を持ち合わせていなければ競争に対処しえないことになってしまう。当時の厳しい環境のもとでも, 製品開発力・技術力を企業の強みとして考えている企業は高業績をあげ

ていたことからもこの点は明らかである。

緊急避難的対策から製品競争力

　緊急避難的な対処策に依存し，リストラクチュアリングなどのコスト削減策を行い続けることは，企業の創造的な対処能力の基盤を自ら削いでしまうことになろう。コスト削減はもちろん重要ではあるが，リストラクチュアリングによる人員削減といった諸施策が実行され続けると，多くの従業員が雇用に対して不安感を抱き，モラール・ダウンをきたし創造的な潜在能力が減退し，やがては働く意欲を欠くことになってしまうことになる。また，この手段だけでは改善程度の方策しか生み出せず，ともすれば新しい技術や技術の複合化などに目を向けず過去の延長線上の経営に終始することになってしまうことにもなりかねなくなってしまう。この点については改めて企業が解決しなければならない課題という視点から再度検討を加える。

　事実，当時アメリカ企業は製品競争力が日本企業に勝るほど回復したといわれており，国際競争力という視点からも日本企業がとってきた経営方式を無批判的に続けることは許されなくなっていた。企業に求められているのは，イノベーションを実践できるような戦略の形成と実行能力を高めることであった。まさに環境変化という外圧によって新しい発想のもとで組織を再活性化させる必要性に迫られていたのである。

　戦後の日本の経済成長は奇跡と賞賛されたが1990年代にはバブル経済が破綻し，日本経済の脆弱性と問題点が露呈されてきたという批判がなされるようになった。そのような主張の代表者がポーターである。次にポーターの所論を斟酌することによってこの問題をまず議論することにしたい。

3．日本企業の競争力

　日本的経営の強みと，それによって実現された日本経済の高度成長は高く評価されたことは事実である。しかし，バブル経済が崩壊し始めた1980年代終わりから90年代にかけて企業収益は悪化し，経済成長は止まってしまった。

いわゆる「空白の 20 年」の始まりである。このような日本の企業経営・経済問題について批判的な見解を提示しているのがポーターである。そこでは，グローバル市場での日本企業の競争力は疑わしいという指摘も試みられている。

ポーターの指摘：低い生産性と低い収益性：危険な前兆

国際競争力をもつ日本産業の数が比較的少数であり，限られた数の産業だけが優位に立っていたのにすぎなく，これが平均的に見た企業の収益性が低い理由であるとの指摘がポーターによってなされている。

指摘によれば，日米製造業の総資産利益率を比較すると，日本の全製造業平均値は米国の数値の約半分であるとされている。つまり日本企業の資本収益性が極めて低く，これが製造業の全要素生産性（技術進歩や効率化など資本や労働の量的変化では説明できない部分の寄与度）を低下させている大きな要因であることの理由になるとしている。

日本経済が世界の資本市場の外側で運営されてきたからであると考えられており，政府の外国企業による日本企業株の所有を制限してきたことによるとしているからである。以上のような理由から，世界輸出シェアの高い水準は国内における資本の投資効率の犠牲の上に実現されていると考えられている。

この批判は，コーポレート・ガバナンスのあり方に対する批判に通じるものである。私見であるがそれが正当な見解であるかは疑問のあるところである。むしろこの点については異なった見方が成り立つのではないかと考えられる。たしかに資本市場をないがしろにした結果として欧米企業より低い資本効率の上に輸出を実現できたにすぎなかったとするのは半面事実であろう。しかし，そのことは，これまで日本企業の長期的視点に立った経営を実現できた基本的な理由でもあったといえる。

日本企業：低い収益性

この問題については別の視点からアベグレンは経済の高成長が長期にわたって続いたことから，日本の主要な産業への多角化戦略が行われ企業数が過多の状況になっていたと指摘している。

図表2はその点を示したものである。図に示されているように，産業の利益率は軒並み低く示されているが，とくに半導体産業での利益率の低さが際立っている。

図表2　日本企業の利益率

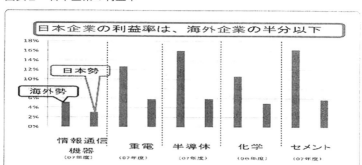

（経済産業省編『産業構造ビジョン 2010』，2010 年）

　今日のように成長が止まると，企業数が多すぎ生存競争が厳しくなり，より一層の資本効率の低下をもたらし，結果として産業内での統合が行われるようになるというアベグレンの指摘は正しいといえる。

　こうした現象は規模による企業経営の効率化を超え，やがては技術を求めての統合化の動きに移行していくものといえる。単に資本効率の向上を目指すならば産業内の企業の統合化を図り，規模の経済性の実現を目指すことが先決となろう。しかし，今日の企業経営のこのような統合化の動きは自動車産業に典型的に見られるように，規模ではなく環境技術を求めての統合化の動きになってきている。

4．まとめ

　この章は，「現在，日本企業の競争力が問われている」という問題意識を明

確にするための導入部であった。そのため産業政策の実施から高度成長，その後のバブル崩壊以後の企業経営にかかわる動向について述べた。

　とくに前半の議論は高度成長に至るまでの産業政策のもとでの日本企業のマネジメントの構築について概略した。次いで高度経済成長後半からの生産性伸び率の低下についての指摘を参照しつつ日本の産業や企業の競争力がバブル崩壊以後問われるようになった遠因はこの点にあるのではないのかという指摘も行いつつ問題提起を試みた。

　次の章では，もう少し具体的に日本企業がどういうプロセスを経つつ，戦後経済からの離陸のためにマネジメントのあり方を確立していったのかについて振り返ることとしたい。

第 2 章

経済離陸期の経営：
日本企業のマネジメントの確立

戦前，日本企業のマネジメントは必ずしも科学的方法に裏打ちされたもので
はなかったことはよく知られているところである。その意味から，これまで評
価されてきた日本企業のマネジメントのあり方は戦後確立されたものであると
いってよいであろう。前章でふれたように，企業の経営の近代化・合理化のプ
ロセスは，科学的方法とくにアメリカの近代的マネジメント技法の導入とその
修正適応に努めることからスタートした。

ここでは，マネジメント近代化のスタートから日本のマネジメント技法の形
成に至るまでの経緯を改めて振り返り，その評価について当時の議論を交えな
がら述べることにしたい。

1. マネジメント近代化のスタートから日本のマネジメント技法の形成
―アメリカ近代経営技法の導入と企業経営：1950 年代から 60 年代

戦後，日本をはじめ諸国が経営の近代化，生産性向上を目指して経営先進国
であるアメリカから多くの近代的なマネジメントの知識・技法の導入に努力し
ていた。日本生産性本部『現代経営史』によれば戦前にもテーラー，ギルブレ
ス，ガントといった人々によって提唱された科学的管理技法が日本企業にも普
及し始めていたと指摘されている。しかし，戦前の日本産業界では一般的に
いって，当時のアメリカ産業界に見られたようなマネジメント手法を科学的に
研究し，導入する企業は必ずしも多くはなかったといえる。

場当たり的マネジメントへの反省

終戦による政治的・経済的・社会的諸条件の大変革は，それまでの日本企業
のマネジメントのあり方に反省を迫ることになった。それは従来，場当たり的
に導入あるいは自らの企業内での工夫といった曖昧な方法で形成されたマネジ

メントの現実からの脱却を促すものであった。こうした状況に企業はどのように対応したのであろうか。企業環境の変化は，まず曖昧な形で形成された日本企業のマネジメントのあり方に大きな反省を迫ることになったと前出の『現代経営史』は指摘している。

アメリカの経営技法導入による企業体質の改善

この時期企業にとってはこれまでとは異なり，激しく変化する環境のもとでその対応に追われており企業自ら科学的マネジメント技法を創出・実践する余裕をもってはいなかった。そのため同『現代経営史』によれば，企業経営の各層・各部門が経営先進国アメリカのマネジメントの知識や技法に関心をいだき，新しい環境条件に適応できるような企業体質を早期に作り上げようとしたと指摘している。

アメリカのマネジメント技法の導入

このような体質改善への誘因によって，しばらくの間アメリカの近代的マネジメント技法の導入に向かって努力が続けられることになった。このような日本企業のマネジメントの近代化運動は，1955 年から 1961 年までのいわゆる第一次高度成長の期間に活発化し，生産管理の合理化をはじめ，アメリカにおいて戦前から戦後にかけて開発された近代的マネジメント技法の導入を中心に進められた。

積極的な姿勢で近代的なマネジメント技法の導入に努めた産業界もやがて急速な経済成長による歪みの増加と内外における競争圧力の増大化傾向に直面することになった。すなわち，1962 年から 1965 年にかけて，日本経済は不況に見舞われるとともに，従来豊富に供給されていた若年労働力の不足が顕在化し，次第に深刻化していくとともに貿易・資本の自由化が急速に進展し，日本企業は国際競争の舞台へと進出を余儀なくされることになった。そのため企業の競争力構築の必要性が生じ，より近代化されかつ日本企業の文化に適合したマネジメントのあり方が求められるようになった。

経済不況とアメリカのマネジメント技法の修正適応：1960 年代

こうした状況に直面して，過去の経営実践や理念的立場を見直そうという動きが現れ，従来のアメリカのマネジメント技法の一方的導入という企業の姿勢に変化が見られるようになってきた。

温室育ちの日本企業からの脱却の試み—アメリカの経営技法の修正適応

長い間閉鎖体制でいわば"温室育ち"であった日本の企業は，初めて厳しい国際競争に耐えなければならなくなった。そのため企業活動全面におけるマネジメントの合理化の必要に迫られるとともに，競争力構築に向けた新しい経営戦略の実践を現実の課題として受け止めざるをえなくなる時期を迎えたのである。その結果，前述のようにわが国企業は，これまでのアメリカのマネジメント技法の楽観的な導入姿勢に対して反省を余儀なくされ，伝統的な経営慣行に対する反省とともに，日本的な企業文化に合ったマネジメント実践を模索するという姿勢へと転換せざるをえなくなったのである。

当時のアメリカのマネジメント技法の一方的な導入による弊害は，組織編成の面にも端的に現れていたことが指摘されている。この点を例えば，事業部制組織を取り上げて見てみることにしたい。

事業部組織導入への反省

1950 年代後半から 1960 年代前半にかけて事業部制はわが国企業から多くの注目を集めた。しかし吉野洋太郎の指摘にあるように，それはアメリカ企業の成功に見習おうとしてわが国企業への適用可能性について事前に注意深い検討が行われることなく採用されたため，その結果は否定的なものとなったといわれている。つまり事業部制はアメリカでは厳格な独立採算という仕組みの上に成り立っており，各事業部は目標利益率の達成度に応じて合理的視点から厳密に管理されるというものであった。

日本型事業部制の確立

アメリカ的な事業部制は，日本的条件を改善しようとしたが，むしろ悪化させただけであったとされており，その結果は権限の重複や職能の複雑化に貢献

しただけであって，さらに間接費の増加や組織の細分化をもたらしたと指摘されている。多くの場合吉野洋太郎が指摘したように，事業部制組織の構造は既存の経営慣行をそのままにして付け加えられるというものであったからである。

このようにアメリカの近代的マネジメント技法を無批判的に導入しようとした姿勢は，企業内での導入体制，管理組織の未整備などとあいまって，個別企業レベルでの管理効率化への障害となった。また鬼塚光政の指摘していたように日本企業に特有な非合理的な心情論理が職能合理主義に基づく近代的管理の浸透をさまたげたという側面もあった。しかし，この日本的な非合理的側面は，逆に後に日本のマネジメントのあり方を日本特有の企業文化に合った形で再構築する原動力になったと考えてよいであろう。

日本の企業文化に合った適応

企業は問題を解決すべく，やがて近代的マネジメント技法が日本の企業環境に，より適合した形での具体的実践への取り組みが徐々に行われることになった。例えば事業部制組織を目標利益率が達成されたか否かという基準で合理的に運営するのではなく，より長期的な視点に立った日本的な実践が試みられた。日本的な運営方針をとったとしても，事業部制では分権的な管理が重視され部門の自立性がともすれば強調されることになる。このため部門交流が阻害されるという現象が生じる可能性があった。このためプロジェクト・チームが活用され，この問題を回避するという方策も多用されるようになり，プロジェクト・チームによる柔軟な組織運営が行われるようになってきた。

日本的な方法で修正しながらの事業部制の導入に加え，欧米諸国から企業の高い生産性や経営活力の源泉のひとつとして注目を浴びた QC 活動も具体的実践の過程で登場したものである。それは，本来統計的品質管理手法としてアメリカから日本企業に紹介・導入され，日本的マネジメント技法として発展を見たものである。

QC 活動への取り組み

もともと統計的品質管理の方法は，戦後 GHQ によって初めて紹介されたも

のである。先の『現代経営史』の指摘のように，当時通信網の復旧を手がけていた GHQ は通信機器の品質不良チェックを是正するために 1946 年 5 月通信機器メーカーの技術者を集め，ウエスタン・エレクトリック社の統計的品質管理の理論と経験を紹介した。

統計的品質管理運動から QC へ

このような GHQ による紹介がわが国における統計的品質管理の端緒であったが，わが国における品質管理運動の本格的な高揚は 1949 年以降であったといわれている。

当初品質管理の教育努力は，より高い地位の管理者や技術者に集中されていたが，やがて当時の QC 研究のリーダーであるデミングとジュランによる日本科学技術連盟の設立，セミナー開催などによって産業界における統計的品質管理導入の機運が生まれ，各企業において盛んに導入の試みがなされることになった。クレイナーが指摘するように，デミングとジュラン 2 人の考え方は日本人にとって魅力的であったと考えられる。

日本人にとってより魅力的だった品質改善運動—日本の集団的文化への適応性

クレイナーの指摘によれば，アメリカではデミングとジュランの考え方は何の動きも作り出さなかったにもかかわらず，日本人にとって魅力的であったのは，次の理由によるものであると指摘されている。

個人の業績にしか目がない欧米流の思想では，個人のやる気をグループ全体の意識にまで高めることは論理的に納得できず，発想の飛躍としか思えなかったからであると指摘されている。デミングとジュランの考え方を理解し実行に移すための鍵であったといわれることになる。こうした日本の企業文化こそ，デミングとジュランの主張の考え方は日本の集団主義的な文化では極めて適応性が高かったのである。

このような理由から品質管理の活動は，1960 年には職長クラスの段階にまで拡大され，やがて現場の監督者・作業者が自主的に QC を推進する小集団活動としての QC サークルが展開されることになる。小集団活動による QC 活動

の展開は，日本企業の経営風土に極めて適合的であったと考えられる。

小集団活動の進展―QC サークル

欧米で典型となっている詳細な職務規程による管理は，岩田龍子によれば本来権限を支えとし，職務内容を中心とした感情中立的な管理を目指し，個人と職位・職務の関係を中心として行われるのに対してグループによる活動が重視される経営風土のもとでは，よりモティベーションによる管理・協働的な活動が重要な意味をもってくるからである。このため今日のわが国企業で見られるQC 活動は，モティベーションによる管理と協働的な活動の効率化を担うものとして効果的に発展を見てきたものである。

以上概略したように，日本の企業経営は，戦後アメリカ近代的マネジメント技法の導入に努め，やがてそれら技法を日本的風土により適合できるような方向に修正・発展させるというプロセスをとって展開されてきたものといえる。アメリカ企業と同一の基本的な組織形態（職能部門別組織構造，事業部制組織構造）をとるものの，その運用のあり方は「マニュアル型」組織であるアメリカ型企業とは異なって，モティベーションを中心とした協働的な活動を重視したものとして展開されており，QC 活動はデミングとジュランの主張をベースに日本的マネジメント技法として発展したものである。

欧米文化のアイデアのエッセンスを取り出す

「日本人は欧米生まれのアイデアからエッセンスをうまく取り出して，自国の文化や環境に合う解釈をする」とクレイナーによって指摘されている所以はここにある。この方法は組織全体に品質運動を普及させるためのシステマティックな方法であり，今しばしば主張されているエンパワーメント活動の先駆的な運動であったといっても言い過ぎではないであろう。ここでエンパワーメントとは，従業員の職務を遂行するうえで権限やパワーがあることを認知できるような状況を整えることを意味している。こうした考え方を取り入れ誕生・完成されたのが，JIT 生産方式にほかならない。

2. 日本企業のマネジメントと「日本的経営論」

　これまで概観したような日本企業における戦後の近代的マネジメント技法の導入およびその「日本的」適応によるマネジメント・システムの確立は，日本企業の応用能力の高さと評価することができ，後に日本的経営として注目されることになった。

　アベグレンによる日本的経営研究の成果を出発点として一連の研究を生むことになり，多くの研究者たちの議論を呼ぶことになる。ここでは，こうしたさまざまな議論を斟酌しながら，この時期に確立されてきた日本の企業のマネジメントの特徴について整理することとしたい。これまで研究者たちによって行われてきた議論の大半は，文化論として位置づけられる視点から日本企業のマネジメントの特質を論じようとするものであり，「日本的経営論」と総称される研究である。とくにここでは，改めてこの「日本的経営論」の一般的な特質を検討することが主な目的とされる。

日本の企業組織の特質

日米企業における企業目標の浸透度

　企業の経営システムは，欧米とりわけアメリカの経営システムと比較した場合，次のような基礎的な特徴をもつものとして位置づけられる。その特徴を比較したのが図表3である。これは，組織階層を通じての日米企業の組織構成員に対する企業目標の浸透の程度を示したものである。

　日本の企業においては，図表3に示されているように組織階層のトップから末端の従業員に至るまで企業目標が浸透させられているのに対して，アメリカ企業では組織階層を下位に下がるにつれて企業目標の浸透度は極めて低くなるという特徴をもっているとされてきた。この日米企業の特性は，組織の構造的特徴について両タイプの企業を比較することによって説明することができるであろう。

図表3　企業目標の浸透度

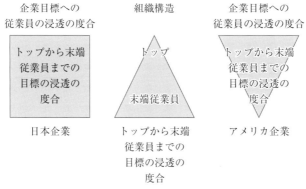

Yohsi Tsurumi, Japanese Business Organization, in *Business and Society in Japan*, edited by B. M. Richardoson, T. Ueda, Prager, 1981

経営組織の構造的特徴

日本企業の経営組織の構造的な特徴として，アメリカ企業の組織図が職位図であるのに対して部門図であることが指摘されている。このような特徴的な相違は，各々の組織がどのような単位を基本的な構成単位としているかによるものである。

組織の構造的相違：アメリカの組織図（個人単位）vs 日本の組織図（集団単位）

アメリカ企業の組織図は個々の個人に割り当てられる管理上の職務を遂行する種々の職位の間の指揮，命令関係，職務権限関係として捉えられている。しかし，日本企業の組織では管理職だけでなく，管理される一般従業員を含めた集団が基礎をなしていると見なすことができる。このような組織の構造的な相違は組織の行動的な差をもたらすことになると考えられる。

組織の構造的な相違は組織の行動的な差をもたらす

日本企業では職務内容・責任・権限がかなり曖昧なルールに基づいており，仮に明示されていても，それに拘束されることなく弾力的に職務の遂行がなされる傾向がある。他方，アメリカ企業では伝統的には各個人の職務内容・権

限・責任が詳細に職務記述書やマニュアルで非常に明確に規定されており，その範囲内で単独に意思決定を行い，職務を執行することが多いといわれている。

日本の組織では弾力的に職務の遂行の傾向 vs リエンジニアリング（アメリカの組織）

したがって，日本企業では比較的弾力的に職務が遂行されるのに対して，アメリカ企業では他人の職務内容とされているものにはほとんど関与しないような傾向が見られる。この点を是正するためにアメリカで誕生したのがリエンジニアリングである。それは狭く規定されていた個人の職務内容を横に拡大し，さらに職務実行プロセスにおける個々人の連携を実現しようというものである。

このように日本の企業組織の構造的な特質は部門あるいは課といった諸活動を核として，企業全体組織にその活動が一体化されるという特徴をもたらす。このため前述のような職務遂行の方式が執り行われ，各組織構成員間の公式・非公式のコミュニケーションが重視され，企業組織への各構成員の一体感を強化することが重要と考えられることになる。かくしてアメリカ企業の「マニュアル型」組織とは異なり，日本企業の組織では，企業目標もその協働活動を促進するために組織階層の下位部門を構成する末端従業員にまでより強く浸透させられることになった。

日本的経営論とその意義

日本企業の組織における部門活動，協働活動重視という特徴的な側面に焦点をあて，文化論的視点から日本企業の経営システムの特殊性を強調しようと試みているのが「日本的経営論」であるといえる。後の議論とも間接的にかかわるので，この研究を主張したグループに一般的に見られる特質について概略しておきたい。

日本的経営といった場合，しばしば①終身雇用制度，②年功序列制度，③企業別組合といった制度が三種の神器であり，このような制度を中心とした経営

慣行が日本的経営であるともいわれていた。小池和男の指摘にあるように，この種の主張は，これら三種の神器から篤い企業への忠誠心や経営に対して協調的な労使関係を考えようとするものである。

社会的・文化的要素に関心

しかし，「日本的経営論」の研究の視点は，これら制度が基礎としている社会的・文化的な基本要素に関心を置いていたところに特質があるものといえよう。「日本的経営論」においては，わが国企業の経営システムが集団主義的な基盤の上に立って構築されており，この意味において小池和男の指摘のとおり①組織が人間集団として考えられていること，②評価システムが御恩奉公的な長期的性格をもっていること，③コミュニケーションや職務が曖昧で柔軟であるといった諸点が特徴的な側面として位置づけられることになった。

「日本的経営論」の特質が意味するように，日本の企業では従業員のモティベーションや人材育成が重視され，QC サークルといった日本的マネジメント技法がより効果を発揮することのできる土壌があるものといってよく，「日本的経営論」の指摘する基本的な特性が経営システム内で有効に作用している側面はもちろん否定できないであろう。この点は前節でも述べたとおりである。

また企業の組織階層を通じての目標の浸透度の日米企業の相違を生む原因も一応明らかにすることができるであろう。その限りにおいて文化論的な立場からの日本的経営の説明づけは，日本と欧米との経営組織のもつ差異がある程度までは相対的なものでしかないことを主張し，日本の経営システムの後進性という意識を否定したことの意義は大きいとする「日本的経営論」に対する評価はかなりの妥当性をもつものであった。

「日本的経営論」は文化的側面に基づいた特質の説明と特殊性の主張

しかしながら，「日本的経営論」に対してこのような意義づけを行うことができるものの，中川多喜雄が指摘したように，それは他方「文化論的要因を強調するあまり，日本的経営は特殊で説明不可能なものだとする印象をあたえがちである」と考えられる。そして「日本的経営論」は文化的側面に基づいた特質を説明するという立場をとっているために，日本的マネジメント技法がどの

ように企業の成果にかかわりをもっているのか，あるいは経営戦略などの企業行動・成果に与える影響についての考察がなされえないという欠点をもっていた。

　このような特質をもつ「日本的経営論」の立場に立てば，企業の成果と日本的マネジメント技法との関係が明確にされないばかりか，それらの海外での適応可能性や移転可能性の問題は分析枠組みの制約のために考慮の外に置かれてしまうことになり，日本的経営の客観的位置づけが不可能となるであろう。

　すでに述べたようなアメリカのマネジメント技法の修正適応，企業組織の特質，「日本的経営論」の主張から，日本のマネジメントの特徴的な側面は組織運営，なかでも従業員のモティベーションや人材育成といった点に主として見出せるものと考えられる。日本の企業経営におけるいわゆる日本のマネジメント技法の確立期にとって，組織運営にあたりモティベーションや人材育成が重要な役割を演じていたことは否定できないものであった。

3．日本企業のマネジメント

　日本企業のマネジメントのあり方は戦後の企業経営の近代化のプロセスのなかで生み出されてきたものであるといえる。たしかに，部分的にはそれは日本固有の文化に根ざしたものであるとする日本的経営論を登場させてきた。

　しかし，その後確立された JIT やカイゼンと称される技法は多くの海外企業に導入されている。そこで，ここでは日本企業のマネジメントという視点からその特質について改めてまとめてみることとしたい。

日本型企業モデル

　ポーターは日本型企業モデルの特徴点として，チームワーク，長期的視点および絶え間ない品質改善努力があげられるとしている。この点は大半が認めるところであり，戦後作り上げられた日本のマネジメントの特徴にほかならない。こうした要素が，デミングとジュランの考え方を基礎にして完成されたも

のが JIT である。

JIT（Just In Time）生産方式

いわゆるトヨタ生産方式であるカンバン方式は，すでに多くの論者によって紹介・議論されてきている。ここでは，その特徴が極めて要約的に示されているショーンバーガーの図を借りて，日本の企業モデルについて説明を加えておくことにしたい。

図表4は JIT 生産方式とは，どのような方法で無駄を排除し，品質を改善しようと考えられた仕組みであるのかについて示したものである。JIT 自体についてはすでに詳細は了解されているという前提で，その効果を中心に取り上げ日本のマネジメントの特徴を改めて考えてみることにしたい。図表は JIT 生産の特徴は TQC（Total Quality Control）と関連して理解されなければならないことを示している。

図表4　JIT 生産の効果

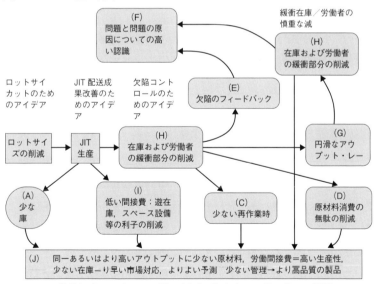

R. Schonberger, Japanese Manufcturing Techniquses, Free Press, 1982

まず図表4に示されているように（F）問題と問題が生じた原因についての

高い認識が欠陥をコントロールしスクラップ・品質のコントロールにつなげ（B），さらに欠陥のすばやいフィードバック（E）によって，より問題の認識を向上させ，品質を高めるというサイクルを実現している。そうした活動の効果がさらに品質の向上（J），再作業時間の短縮（C），原材料消費のロスの削減（D）を実現することにつながっている。

TQC が中核

このように JIT 生産方式は TQC が中核となって実現されたのである。戦後日本企業が確立してきた QC サークルを中心とした全員が品質や改善についての意識をもち，事に当たるという考え方の上に成立しているのである。

TQC 活動は結果として品質の向上や前述したようなさまざまな効果をもたらすものであるが，同時に従業員の動機づけに大いなる効果を発揮するものでもあった。それは経営活動に人々が参加しているという意味の意欲づけにつながり（エンパワーメントの先駆的取り組み），品質向上のためのアイデアの提案の原動力になると考えられるからである。この点を中心的な特徴であることをおさえながら，それらは JIT 生産方式が乗用車の大量生産という分野で生まれ，その後小売などの分野で応用され成果をあげてきたことは評価できる。しかし，この方式がすべての産業分野に適応可能という万能薬では必ずしもないということである。

ポーターの主張する日本型企業モデル

図表 5 は，ポーターの『日本の競争戦略』に示されている日本型企業モデルの特徴と位置づけられているものである。①の高品質と低コストから④の資産としての従業員までの特徴はとくに QC 活動や JIT 生産方式とかかわりのあるものである。

日米組織のモニタリングシステムの相違

こうした日本型企業モデルの基本的な特徴を端的に要約したのが図表 5 である。これは，組織的なコントロールがどのように行われているのかに焦点をあてて示したものである。アウトプットについては，アメリカ型タイプでは，会

図表5　日本型企業モデル

| ①高品質と低コスト |
| ②幅広い製品ラインと付帯機能 |
| ③リーン生産 |
| ④資産としての従業員 |
| ⑤コンセンサスによるリーダーシップ |
| ⑥強固な企業間ネットワーク |
| ⑦長期的目標 |
| ⑧高度成長への企業内多角化 |
| ⑨政府との密接な協力関係 |

マイケル・E・ポーター，竹内弘高著，榊原磨里子協力『日本の競争戦略』ダイヤモンド社，2001 年
(Michael E. Porter & Hirotaka Takeuchi in cooperation with Mariko Sakakibara, *Can Japan Compete*, 2000,
Free Press)

社のマニュアルにしたがって個人が行動することが期待され，その評価は公式
的なパフォーマンスの報告をとおして個人を対象として公式的に厳しく評価が
行われる。

　その一方で，日本型タイプでは共有化された理念に基づく行動が求められる
ことになり，行動の結果としての共有化された規範によって行われることにな
る。

　アメリカ型と日本型タイプの組織的コントロールを示すモニタリング・メカ
ニズムの違いは次のように簡潔に説明することができる（図表6を参照）。ア
メリカ型企業のこのメカニズムは個々人のパフォーマンスによる効率的経営を
目指し，規則によるコントロールが重視されるという極めて合理的なマネジメ
ントを典型としてきた。日本型のメカニズムは個々人を企業の重要な資産とし
て見なすように，企業の理念や目的達成のために集団としてのパフォーマンス
の心情的な評価が行われることになる。

日米の組織的コントロールを示すモニタリング・メカニズムの相違

図表6　組織的コントロール：モニタリング・メカニズム

コントロールのタイプ

コントロールの 対象	純官僚的・ 公式化されたコントロール	純文化的 コントロール
アウトプット	公式的なパフォーマンスの報告	パフォーマンスの共有化された規範
行動	会社のマニュアル	マネジメントの共有化された理念

（Alfred M. Jaeger　＆　B. R. Baliga, Control Systems and Strategic Adaptation：Lessons from the Japanese Experience, *Strategic Management Journal*, Vol.6, 1985）

　さらに加えて，アメリカ型企業ではマニュアルによって行動が規定されるのに対して，日本型企業では共有化された理念のもとで行動がなされることになる。

4．まとめ

　本章では戦後の日本の企業のマネジメントの基本的な特徴がどこに存在していたのかについて述べた。そこで明らかにされたことは，日本企業はマネジメントの先進国であったアメリカから学習するという姿勢から近代化に取り組んだ。しかし，無批判的な導入の試みは，やがて矛盾を生み日本的な修正適応を試みることになった。しかし，このプロセスで注目しなければならないのは，QC活動である。これは，今流のエンパワーメントの先駆的な考え方であったデミングとジュランの主張を基礎にするものであった。皮肉にもちょうどこの考え方は文化的なコントロールを基礎にする日本企業の経営風土に適合し，逆に官僚的コントロールを特徴とするアメリカ企業には受け入れられなかったものである。

　このQCと狭い日本の自動車市場での効率的生産方法を目指して開発された方式と結合されて誕生したのがJITつまりリーン生産方式の典型であるJIT生産方式である。

第 3 章

経済成長と企業の戦略行動
：その成果・弊害

　経済の離陸期に確立された日本のマネジメントの技法やその背景にある考え方は経済成長期において，より一層効果を発揮するようになった。より卓越した効率化を目指し，高品質化と生産性の向上を実現するようになったからである。ここでは経済成長期における日本企業のマネジメントの進化についてふれながら国際市場において企業が地歩を構築してきた経緯とその特徴について概括することになる。

1．マネジメント手法の改善と生産性向上努力

　戦後新たに確立された日本企業のマネジメント技法は経済の成長期に入ると，欧米の先進国の技術を導入し，その技術を基礎として品質改善の努力につながっていった。そのことによって徐々に製品は海外市場での評価の確立につながっていき，さらに磨きがかけられることになる。

日本企業の柔軟性が能力を向上

　日本企業の成功は，企業がもつ柔軟で，組織構成員の意識の共有化の実現が比較的容易である組織の特徴を活かし，欧米の技術の吸収を試みるという方策そのものにあったと考えられる。つまり，デミングとジュランの品質管理の考え方が受け入れられたことに象徴されるように，日本企業の組織がもつ文化的コントロールの側面（非マニュアル型組織）がうまく活かされたところにある。それはアメリカ型マネジメントと異なり，個人の業績を重視せず，集団の成果にマネジメントの関心があったからである。

非マニュアル型組織とマネジメント―連携作業の実現

　多くの論者によって指摘されているように従来アメリカ企業の組織における

分業の特徴は，マニュアルにより厳密に義務・権限・責任が明確に規定されていたといっても言い過ぎではない。厳格に分業が実施され，極端に表現すればさまざまな活動を実践するにあたって職務の異なる人々が連携して事に当たり問題解決に取り組むということはまれなケースであったと推測される。

それに対して，日本企業では分業システムが厳格ではないため問題解決にあたって協力体制を組むことが比較的容易であり，そのことがある種のエンパワーメント的な意味をもち，その効果は JIT 生産方式の前提にある QC サークルの活動で大いに活かされてきたことは指摘したとおりである。この考え方，つまり部門を越えた協力体制をという発想はさまざまな企業内における問題解決に応用ができることは明らかである。

連携活動の重要性

なかでも新製品あるいは新技術の開発においても応用され大きな成果をあげてきた。例えば，それは新製品開発にあたってコンカレントにさまざまな職能の人々が同時参加しながら情報交換をし，市場に受け入れられる製品の開発を実現しようというコンカレント・エンジニアリングに象徴される。

コンカレント・エンジニアリング

この方法は，逐次的に段階を追って製品開発活動を行う方法よりも効率的である。アイデアが絞り込まれてから設計などの次の段階の活動が行われるという逐次的な方法で開発を行うと，開発が終了するまでに時間がかかり開発の諸段階で異質の分野の多様な情報の交換がなされないという欠陥があるからである。例えば，技術情報と市場情報の結合が遅れてしまうという欠陥をもつことになる。この欠陥を埋める方法が「コンカレント・エンジニアリング」にほかならない。

「コンカレント・エンジニアリング」の考え方・方法は現在においても有効であることはいうまでもない。その方法は，ニーズ主導かシーズ主導かによって逐次的な開発方法が直面する市場軽視あるいは技術軽視などの問題を乗り越えるための方法であるダブル・リンキングの考え方に近いものでもあるといえる。

　JIT 生産方式とともにこれらこそ文化的コントロールを特徴とする日本企業のマネジメントの上に成立可能となったものにほかならないと考えられる。

経営者の成長への意欲・終身雇用制度が下支え

　日本型マネジメントの実践的な効果を実現した背景には終身雇用制があったと考えられるし，加えて経営者の企業成長への意識の強さが同時にあったからといえよう。企業成長への経営者の意識の強さは次のようなところに根拠を求めることができる。

①　ほとんどの経営者はいわゆる企業の生え抜きであり，所属する企業のヒエラルキーを上ってきた人々であること。

②　戦後形成された企業集団を背景として，株主の利害についてそれほどの意識をしないで経営の任にあたることができたこと。

　①については，企業集団の形成を背景としていわゆる所有経営者ではなく俸給経営者が大半を占めており，経営者は短期的な株主利益を強く意識せずに行動することができたという前提条件になった。経営者は株主利益よりも，企業の成長を求める行動を優先することができた。他方そのことから明らかなように，従業員が定年までその企業にとどまると予想していれば，彼の生涯効用はその企業がどれだけ繁栄し，成長するかにかかっており，そのため雇用関係が中断されることがないという理由があり経営者は企業成長志向の道を必然的に選ぶことになった。

　②については，財閥解体の後誕生した企業集団によってメンバー企業が相互に株式を所有しているために，それほど株式市場に存在する不特定多数の株主の利害を強く意識する必要はなかったからである。

終身雇用制

　終身雇用制についていま少しふれておきたい。終身雇用制というシステムは多くの研究者による指摘にあるように，欧米ではひとつの企業で終身にわたって働くという考え方は理解が十分になされなかった。その意味で日本固有の制度であったといえる。しかし，逆に日本ではバブル崩壊後，希望退職などの

「リストラ策」がとられるに至って終身雇用制は終焉したという議論が盛んに行われるようになってきたことは周知のとおりである。

内部労働市場に依存と長期雇用

　戦後確立された終身雇用制によって日本では「内部労働市場」に依存せざるをえない環境ができあがり，そのことが先に述べたように，さらに企業成長を促進していったものといえよう。このことは，経営者にも従業員にとっても好都合なことであった。企業を成長させ続けることによって長期雇用は確保され，従業員もまた昇進・昇給の機会を獲得し，自らの効用を充足することが可能となる。このため人々は，企業成長のための効率的活動に励むことになったと考えられる。一方経営者には，かつてのボーモルなどの理論的主張に見られるように，成長する企業つまり規模を拡大する企業を運営することによる名声や他の非金銭的報酬が得られ高い効用が実現されることになる。

ポーターの日本の経営の評価

　この点は，ポーターによって指摘されているように，チームワーク，長期的視点および絶え間ない品質改善努力のような活動は重要な日本の長所である。一方それと同時に日本型企業モデルは，企業間の類似性を日本企業の間に助長してきたというデメリットも考えられる。いわゆる横並び経営の弊害をもたらすという指摘にほかならない。

　その結果先に指摘したように，企業は足並みを合わせて成長を求めて他分野に進出し，多くの産業で企業数が増大するという現象を引き起こし，結果として，海外企業に比べ日本企業の低い利益率を生み出すことになったと考えられる。また終身雇用制が終焉してしまったという主張は，企業の成長がバブル崩壊以後持続できなくなったからにほかならない。

日本の企業経営は内的整合性のとれたシステムの上に成立

　加えて日本の企業経営は「内的整合性」のとれたシステムの上に成立していたともいわれる。これは，戦略・組織が安定した整合関係にあるという意味と等しく，経営学研究で呼ばれる適合性とくに静的適合性（後述）にほかなら

ず，環境の不連続な変化に対処できないという欠点をもっている。

　ポーターの指摘のように，品質とコストを同時に追求するためには，従業員が全員積極的に取り組む企業文化が必要であった。その典型的な人事制度が終身雇用制であり，この制度を維持するためには先に述べた成長志向のリーダーシップの手法が意味をもっていた。これらがさらに日本的な企業文化を育んだと考えられる。そして市場シェア志向および成長志向は，幅広い製品ライン，新製品の頻繁な導入，そして関連産業への多角化を促進したと考えられている。

静的適合性は，反面日本型企業モデルの弱み

　したがって，静的適合性は，反面日本型企業モデルの弱みも作り出したという批判を生むことになる。日本型企業モデルはひとつの特定の発展パターンのみに方向づけられており，他の発展パターンが生まれることを阻害し，またこのモデルが新しい競争形態や新しい事業分野に対しては有効に働かないことが明らかになってきた。つまり，このモデルは企業のダイナミックな適合よりもむしろ静的な適合を強調するものであった。そのため，このモデルを構成する個々の要素に何らかの欠陥が存在した場合，もしくはシステムを変更する必要が生じた際モデル全体をもう一度作り直すのは非常に困難であるとも指摘されている。

伝統的な重要概念とされてきた適合概念の問題

　この意味するところは，経営学研究において伝統的な重要概念とされてきた適合概念の問題という点から説明することができる。適合概念とは，戦略を所期の目標どおりに実現するためには，経営者にとって組織行動のマネジメントが何よりも重要であるという視点から，組織を戦略にいかに適合させていくのかという考え方にほかならない。成長戦略を実行し，しかるべき成果をあげるためには企業文化，終身雇用制，年功序列制，人事制度などの組織要因とその戦略が強く結びついていたことが重要であった。環境が緩やかに変化をしている状況の下では，この内的整合性は高い成果を実現した。しかし，この整合性が強固であればあるほど，整合性自体が環境の著しい変化に対して新たな環境

へのフィットを実現するための障害になる。それを図示したのが次の図表7である。

環境変化のもとでの内的整合性の弊害

　図表7に示したように，内的整合性が強固である場合には不連続な環境変化に対処できる戦略を組織が策定・実践できなくなってしまうことになる。つまり内的整合性が強い場合には，企業は継続して環境に対して同じ対応行動をとり続けざるをえなくなってしまう。環境に対して静的に適合するだけということになる。そのために環境変化への動的な適合が不可能になってしまうことになる。脱ガラパゴス化という課題も内的整合性の弊害をいかに除去するかにあると考えてよいであろう。

図表7　環境変化のもとでの内的整合性の弊害

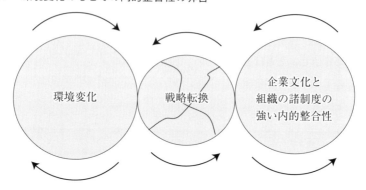

求められる動的適合性

　今日本企業に求められているのは動的な適合をいかに図るかということにほかならない。そのことは本書冒頭にも問題提起として述べたように，日本の経営システムが一部環境変化への対応能力をもたなくなってきているといえるからである。そのため経営システムを構成する要因について見直し，過去の強い内的整合性の課題を改善し，柔軟な整合性を求めなければならなくなっていると考えられる。

44

2. 高品質の実現と競争力の確立

これまでの日本企業の競争優位の実現は人々の高い技能と高い品質意識に基づいた高度な品質水準の維持にあった。ここでは JIT 生産方式に代表されるような日本企業が作り上げてきた方式を中心として目標とされた高品質の実現が，どのような点で競争力の確立につながっていったのかについて改めて述べることにしたい。

高品質の実現

ポーターが指摘した要因のなかでもとりわけ，リーン生産・資産としての従業員・コンセンサスによるリーダーシップといった諸要因が高品質経営の実現に貢献してきた。

日本企業は，自動車や家電製品といった耐久消費財に象徴されるように独自の技術を保有していたとは言いがたい。加えて日本の国内市場の広さは，大量生産によるコスト・パフォーマンスの実現を目指したフォード生産方式では逆に大幅な製品単位あたりのコスト負担を懸念しなければならなかったことは明らかである。

JIT 生産方式の開発

そこで比較的少ない生産量でもコスト・品質面で事業として成立する方法の開発が求められ，JIT 生産方式というプロセス・イノベーションが完成したのである。ここでさらにふれておかなければならないことは前述の終身雇用制と関係する資産としての従業員という要素である。この要素は JIT 生産方式に代表されるプロセス・イノベーションを実現するにもおそらくは不可欠な要因であったと考えられる。

高品質維持のための持続的活動から競争優位の構築へ

自動車や家電製品といった耐久消費財の多くが，企業としての固有の技術を

もたない状況下で高品質を実現することが可能となったのである。それは，こうした製品の生産についての先発の欧米企業の経験曲線にフリー・ライドし，そのうえに新たな独自のプロセス・イノベーションを継ぎ足すことによって急速に実現されることになったといえよう。

高品質による競争優位

欧米諸国からの製品技術の導入に依存せざるをえなかったかつての日本の産業では高品質でしかも品質にばらつきのない製品生産の実現が課せられた第一の目標であったといえよう。こうして品質に対する信頼を得ることによって，フォロワーとしての競争優位を確立することが急務であったのである。

競争優位の源泉は，高品質にあり，それこそが競争力であった。この競争力は必ずしも財務データなどの数値に表すことのできないものである。競争力の低下は遅れて財務データの悪化として現れるために，企業は絶えず生産性・品質の向上に継続して努力しなければならなくなり，市場ニーズを踏まえた漸進的イノベーションの実践が求められることになる。このような努力を継続することによって日本企業は競争優位を確立することに成功したのである。先発の欧米企業の経験曲線にフリー・ライドすることによって優位性を確立する礎を築いたとはいえ，それは後発国日本の企業がキャッチアップするための継続的な努力があってこそのことである。

プロセス・イノベーションと漸進的イノベーション

高度成長期前半からバブル経済直前に至るまでの日本企業は製品開発にあたって，必ずしもオリジナリティーを追求しなければならない段階にはなかったため，高品質維持というプロセス・イノベーションや製品の漸進的イノベーションの実践という方法によって競争優位を構築することができたのである。

前述のような継続的な製品改善のための活動は，日本的なマネジメントの特性を活用して逐次的な製品開発のプロセスに代わるコンカレント・エンジニアリングという製品・技術の開発手法を生み出すようにもなってきた。事業部間やその他部門間の壁が厚くなり，各部門の知恵を結集しての製品開発が阻害されることを防止し，全社的に資源を集中させることによって製品開発の効率化

をはかろうとするものであった。

コンカレント・エンジニアリングによる学習活動

　しかし，Ｓ社ではかつて現実の戦略商品の開発にあたっては担当のチームだけでは解決しえない技術的問題が発生する。現場にまかせていたのでは，時にはセクショナリズムによって組織全体の最適化が忘れられ，製品開発が阻害されてしまう傾向がある。このような欠陥を克服するために，副社長クラスが責任者になってトップ・ダウンの形で製品開発プロジェクトを実行しようという狙いをもつものである。組織の縦の連携としては，企画・開発の段階から企画・技術・生産・協力会社・製品品質・営業・サービス担当の関係部門が，事前参画し，情報を共有することによって，開発日程の短縮，コスト・ダウン，品質信頼性の向上を図り，開発にあたっては，横に異なった事業部が参加して問題解決を図るという試みである。

　逐次的な開発プロセスは，リニア・モデルと呼ばれ開発の諸段階がアイデアの発案から新製品へと単純に進行すると考えられている。一方前述した点から明らかなように，コンカレント・エンジニアリングは学習モデルと呼ばれるものである。

学習モデルと組織の協力体制

　学習モデルでは新製品開発が軌道に乗るまで各段階の活動が繰り返し実施され，そのプロセスで異なったメンバーの参加や異なった情報をインプットすることによって研究開発活動が絞り込まれていくとされる。学習モデルから明らかになるように，研究開発活動の諸段階が繰り返し試みられて，技術と市場ニーズのダブル・リンキングが実現されるものといえる。そのためこのモデルは，新製品開発プロジェクトには絶えず異質の職能の専門家が参画して活動を行っていることをも示している。

　コンカレント・エンジニアリングに象徴される学習モデルは組織での協力体制とそのもとでの学習活動を必要とするものである。そのため官僚的なコントロールを核とするアメリカ型企業よりも，文化的なコントロールを根幹とする日本の企業組織にとって適応可能性が大きいことは容易に理解できるところで

ある。契約的コントロールを土台とする企業文化のもとでは，個人は契約上決められた職務のみを担うことになるのに対して，文化的コントロールを土台とする企業文化のもとでは契約上の制約が存在しないからである。

成長期の日本企業の経営戦略の推移

　日本企業は高品質の維持や製品開発・改良をとおして優位性を構築し競争力を確立することができたものと考えられる。

　その活動の結果を示したのが図表8に示した成長期における経営戦略の推移である。昭和53年以降新製品開発戦略を最重要戦略として位置づける企業の割合が増加し，昭和61年まで上昇傾向を辿っている。新製品開発戦略という積極的な戦略が経済の安定成長移行以来，継続して重点戦略として位置づけられていることがわかる。

　この図表に示された経営戦略の動向は日本企業のプロセス・イノベーション

図表8　成長期における日本企業の経営戦略の推移

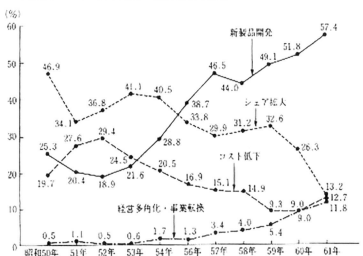

（通商産業省産業政策局『昭和62年総合経営力指標（製造業編）』1987年）

48

や製品イノベーションの中心が漸進的なものとはいえ，イノベーションに対する取り組みの成果を示すものである。つまり，この時期にはハイテクといわれる技術的イノベーションが重要な要因として登場し，新たな技術を導入しながら製品開発・高品質化の成果をあげることができたという理由から，新製品開発戦略が重要とされたからである。

3．国際競争力の構築と外需依存

　前節では，日本企業の継続的な高品質化・製品開発・改善の努力が経済成長を牽引していたことを経営戦略の動向をも検討しながら見てきた。ここで注意しなければならないのは，構築されてきた日本企業の競争力は国際競争力をもたらし，外需依存構造を生み出すことになるという点である。

国際競争力

　技術導入で培われた日本企業の製品の競争力は狭い国内市場から海外市場確保のために大いに活用されることになった。もちろん，国内では高付加価値産業でマーケット・シェア拡大のための戦略がうたれた。成長産業には多くの企業が参入を試み，各企業が主力製品のシェア拡大のために経営資源を集中するという戦略をとった。

高成長と国際競争力

　こうした戦略展開は後に生じる問題を残すことになる。何度も指摘したように産業内での企業数過多という問題も引き起こすことになった。その一方で，企業は高品質の強みを活かし，海外市場への進出を果たすことになる。しかし，ここでも企業は横並びの戦略行動をとり，集中豪雨型輸出と呼ばれる現象を惹起し，国際摩擦を生み出すことになったことはよく知られているところである。

集中豪雨型輸出

　集中豪雨型輸出という企業行動は，国内市場の過当競争による収益低下を補

填する行動という側面をももっていたと考えてもおかしくないともいえよう。昭和50年代中頃，輸出が好調なことを背景として，「輸出が設備投資を呼ぶ」という現象が生まれ，電機・自動車・機械といった産業では，国際市場での競争も激しく，かつまた技術革新の進歩も速いだけに価格，品質両面での競争力が問われる状況にあったと昭和56年経済白書が指摘している。このため競争力の強化のために設備投資が進行することになった。

　日本企業の輸出攻勢の原因は企業の強い内的整合性という特徴にも由来するところである。そのことは戦略と組織のあり方の整合性が守られ新たな戦略的対応を行うことができなかったからである。その結果として多くの企業が，輸出市場における行動についても横並びの行動をとったことによるものである。こうした企業の行動が，やがてマクロ的にも外需依存経済に対して大きな問題を生み出すことになる。

外需依存経済の破綻

　昭和62年の経済白書は，成長後期の日本の経済状況を次のように評している。外需に多くを依存した成長パターンを続けることは諸々の事情からかなり難しいものとなってきた。第1に国際経済関係が厳しいものとなってきたこと，第2は，経常収支黒字を拡大させながらの成長がはらむ国内的な問題が次第に認識されてきたこと，第3はわが国製造業製品を中心として輸出商品の成熟化という現象が明確になってきたという発展段階の変化である。

　結果として，この時期に内需主導型経済への転換の必要性が説かれることになる。企業の視点から見れば，指摘の第3の要因である輸出商品の成熟化現象という課題が重要となる。それまで導入技術の応用・改善を通じて製品の競争力を高めてきた企業は，ある意味ではより高度な固有の技術をもって製品開発に努めなければならないことという課題に直面するようになったと考えられる。

バブル経済とその崩壊と回復の兆し

　しかし，その後日本経済は不動産投機を背景としてバブル経済とその崩壊という状況に直面することになる。それは日本経済にとってはいうまでもなく，

企業にとっても環境の大いなる質的変化であった。

　平成 7 年白書は企業の売上や利益の増加率を比較して，利益については今回の景気回復は，第一次石油危機に次ぐ大きな落ち込みとなった景気後退を受けての回復であるため，過去と同じ増加率を示したといっても利益額の絶対水準は過去の水準に比べて相当に低い状況にあるとし，一方売上についても売上高の推移を見ると，全規模・全業種にわたって，増加テンポが過去のいずれの回復期をも下回っており，相当に緩慢な増加にとどまっているとしている。

　このように緩やかな景気回復局面に入ったとの指摘にもかかわらず，企業の経済環境は低迷を続けている状況である。バブル経済崩壊後の個人所得，消費支出の伸び悩み，主力製品市場の成熟化といった要因が企業の損益分岐点の上昇をもたらし，さらに日本企業がかつて大きく水をあけていたアメリカ企業の生産性改善による競争力の復活などの諸要因がより一層の競争激化をもたらし，企業収益の回復を遅らせているからである。

マクロ的な経済状況と企業経営

　マクロ的な経済的状況を企業経営という立場から見た場合，企業はどのように判断し，戦略決定をしようとしてきたのであろうか。すでに指摘したように平成 6 年通産省調査によれば，業界にまで景気回復の効果を期待するには時間を要するとする企業側の判断がより強く現れていた。このように企業の国内・業界についての景気見通しとともに回復への期待感はあるものの，現実的には業界の景気見通しの判断に現われているように，依然厳しい予測が企業によってなされており，企業収益回復が未だ十分に見込まれず先行き不透明感が強いことがわかる。平成 8 年に入って回復基調にあるといわれるものの，まだ景気回復には不確定要素が存在していたといってよい。

企業の見通し：主力製品市場の成熟化・競争激化

　この時期企業が経営活動を展開するうえで最も重要と考える環境要因は主力製品市場の成熟化，次いで国内競合他社との競争激化や技術革新の進展，消費者ニーズの多様化といった要因であった。マクロ的な景気動向の先行き見通しに加え，企業は主力製品市場の成熟化，それに伴う競争激化にどう対処すべき

かという課題に当面していたことがわかる。

　指摘したようにこのような環境のもとにある企業が最重点を置くとする経営
戦略について見ると，厳しい経済環境のもとでの収益の悪化，またその回復テ
ンポの鈍さといった状況に対処するために，多くの企業が危機回避のための行
動をとっていたことは先に述べたとおりである。

４．　経済成長期からバブル崩壊時の企業行動の問題点

　これまで述べてきたように，日本経済は経済成長期の終焉・バブル経済の崩
壊というプロセスを辿ってきた。経済成長期にはプロセス・イノベーションに
よる独自の取り組みは実現されたものの，製品開発自体はおおむね技術導入に
よるものであったことは否定できないところである。またこうした「改良製
品」を輸出することによって企業は高収益を実現した。

　ここでは，改めて本章における議論を技術導入による製品開発，横並び型戦
略の二つのポイントに絞って要約的に検討することとした。

技術導入による製品開発

　内橋克人らの『危機のなかの日本企業』の中でも指摘しているように，産業
政策のもと企業は技術導入による「追いつけ型技術開発」に腐心することに
よって製品開発に努めてきた。しかし，それは集団主義的学習教育の上でなさ
れた効率的な方法で改良型製品を世に出し，とりわけ輸出市場で大きな成功を
得ることになった。

　生産ラインを支える現場の従業員の質，意欲も高く，新製品開発，生産ライ
ンの改良を全員参加型で行ってきたと指摘されるように，この方式によってす
ばやく低コスト，高品質の製品を世に出すことができる「競争適応型技術」の
開発が行われたのである。その結果，日本企業は高い輸出競争力を実現したの
である。

　しかし，もちろん学習された技術は日本独自の技術として結実したものもあ

ることは否定できないが，そのことが日本企業独自の技術の開発を遅滞させる原因になったことはすでに多くの人々によって指摘されているところである。

　この点がバブル期直前までの日本企業の技術問題であり，この課題はバブル崩壊から今日に至るまで存在しているといっても過言ではないであろう。

横並び型戦略の弊害

「競争適応型技術開発」

　内橋克人ら「競争適応型技術開発」のあり方が，輸出市場で強みとなる新製品を生み出し，企業収益に大きく貢献することになる。それは，いわゆる経験曲線の当初部分をフリー・ライドすることによって，短期間で低コスト・高品質の製品を世に出すことができたからである。

　どの企業も横並び的に同様の行動をとり輸出市場に向かって行動し，収益獲得を目指そうとしたのである。こうして集中豪雨型の輸出攻勢がかけられ，企業経営の好循環がもたらされた。しかし，こうした状況は決して長く続くものではなく，各国から批判を浴びることになり，急激な円高という現象が作られることになる。

必要とされる個性的ものづくり

　このような状況は日本企業に個性的な「ものづくり」の必要性の主張を誘引することになる。品質・コストで技術導入元の欧米諸国の企業にキャッチアップした日本企業はやがて国際競争で存続していくためには独自の技術開発を実践しなければならないことになった。

　しかし，その後日本経済は土地バブルの方向に歩んでいくことになる。

5．まとめ

　この章では，主に高度成長期において「企業の戦略行動：その成果・弊害」という点に絞って企業行動の特徴と問題について振り返った。そこでは導入技術による「輸出適応型技術」の開発によって集中豪雨型輸出を行うという横並

び型行動の特徴と弊害について略述した。また今後は独自の技術による製品開発の必要性という点について簡単に指摘してきた。

　次の第4章と第5章では企業のマネジメントという視点から，成長期のマネジメント，バブル崩壊後のマネジメントの問題について検討を加えることになる。

第 4 章
経済成長と日本のマネジメント

これまでの議論は，日本の産業と企業の特徴について距離をおいて鳥瞰するややマクロ的な方法で議論を試みてきた。そこでは集団主義的な文化のもとで，横並び的な発想や行動が企業とそのマネジメントの側面に定着し高度成長期が進行した。しかしこの点はグローバル化が進行するまでは大きな成功要因となったが，今や逆に弊害を生むような要因になってきたのではという点も指摘した。

この章ではマクロ的な視点から離れ，いま少し企業をマネジメント・レベルから見ることによって，より具体的に日本企業のマネジメントの特徴について振り返り確認をしておきたい。

1.「集団主義的」マネジメント

日本の企業は集団主義的な文化のもとで経営されていることは多くの論者によって指摘されてきたところである。とくに日本経済を担う企業が大きな成功を収めてきたのは，欧米の技術を吸収し，日本社会に最も適した経営の制度やマネジメントのあり方を組み合わせてきたからであるといえる。

ここではやや踏み込んで，集団主義的文化とはどのような特徴をもち，マネジメントのあり方にどのように影響を与えたかについて改めて確認することにしたい。

集団主義的文化と日本の企業組織

日本の企業文化は経営家族主義あるいは集団主義にその特徴があるとされてきた。そのもとで日本企業独自の仕組みが作り上げられてきた。この文化は，年功序列制・終身雇用制・企業内組合といった制度が構築される基礎になった

ものであるとされてきている。

　集団主義的な考え方は，企業への人々の強い帰属意識を醸成することになったという見解も多数存在する。つまり企業の目的達成のために献身的に努力する姿勢を人々に植えつけることになったということにほかならない。それは企業目的達成に向けた献身だけではなく，同時に人々が一丸となって事に当たるという行動パターンをも作り出すことになったのである。

　後者は，企業内においては人々が所属企業に対して，同じような考え方をもち，そのうえで同質の行動をとるという具合に極めて同質性を重要視するような人々の行動パターンを生むことになった。同質の人々を企業内に定着させるために，人々は重要な資産であるとの認識のもとにさまざまな施策が講じられたのである。前述の日本的経営の三種の神器はまさに重要資産としての人材を企業内で育成し，保持する重要な施策であったわけである。

　なぜ，このような企業経営のあり方が重要視されたかについての解答はかつて指摘されたように，日本の米作農耕の伝統を受け継いだ集団主義的文化にあるとする考え方も成り立つことは否定できない。

　しかし，もう少し異なった視点から考えてみることも重要であろう。第1章で述べたように，集団主義的文化論から離れ，戦後国際社会への復帰を目指す日本経済にとっては，当然のことながら産業の活性化・高度化が急務であった。その要請にもかかわらず，十分な資金源がない状況下ではその不足分を人的資源で補う必要性もあった。企業は人的資源の重要性を認識し，前述の三種の神器と称される制度を生み出すことになったと考えることができよう。

　こうして企業文化という側面から日本企業の特質を改めて検討すると次のように述べることができるであろう。集団主義的文化は目的達成に向けて同質性を重視することになり，極めて一貫性が尊ばれ，強固な内的整合性を求める文化が重要視されることになる。このような強い文化は環境が不連続に変化している状況では障害をもたらすことになることにふれておきたい。

企業文化を統合的に考える

　企業文化の特性はデニソンの考え方に即してみると，これまでの文化論のなかで焦点があてられている特徴から次の4つの仮説に分類できるとされる。参加仮説，一貫性仮説，適応性仮説，ミッション仮説といった4つの仮説である。企業文化についてのこの4つの仮説は，各々が独立して成り立っているものではなく，それぞれが関係し合っていると考えるのが適切であり，統合して検討することが重要であると指摘されている。各々の仮説の特徴は以下のように説明することができる。

　参加仮説：この仮説は決して新しい考え方ではなく，組織行動論の研究に見られ人々は参加によって帰属意識や責任感を高め，組織の効率を向上させるという考え方に典型を見出すことができる。また株式購入選択権と利益配分も同様の意味で，報酬システムとして参加を強化する役割を果たすものといえる。参加は組織と個人の統合を促進するということにほかならない。

　一貫性仮説：強い文化は，組織の効率にプラスの影響を与え，共有化された信念，価値，そしてシンボルがコンセンサス，調整された行動を可能にすると考える。つまり組織を構成する人々は，高い使命感をもって活動することになり，強力な文化は，暗黙の調整とコントロールにとって大きな潜在力をもつことになる。

　適応性仮説：これまで略述した二つの仮説は，組織の内部に焦点をあてたものであったが，この仮説は組織と外部環境との関係を問題にするものである。環境変化に対して，学習的に反応することができる。つまり内外の環境変化を知覚し，反応することができる。

　ミッション仮説：ミッションは目的と行動の意味を与え，人々がとるべき行動のコースを明らかにすることができる。

　なぜこれらの仮説が各々独立ではなく，関連性をもつと考えられるかは以下の点に留意すれば容易に理解できるであろう。企業という組織は環境の変化に対処しえてこそ存続できることになる。そのために企業は環境の重要度に応じ

て，変化あるいは安定性を望むことになる。

　以上のように考えると，これら仮説を統合化する必要性があるとデニソンは提言している。統合化する次元として，ひとつは組織内部か組織外部かという次元が考えられ，他の次元は変化と安定性という要因が考えられる。この二つの次元で4つの仮説を関係づけると，次のように整理ができる。

　適応性と参加を志向する組織は，高い一貫性と強いミッションを志向する組織よりも，多様性をもたらしより多くの解決策を提供できる可能性をもっていると考えられる。一貫性とミッションへの強いバイアスがかかると，安定性とコントロールが強調され多様性が失われてしまうことになる。

　4つの仮説を相互に関連づけて統合化することによって，企業文化のもつ意味が容易に理解することができるようになるといってよい。この説明から明らかなように，参加と一貫性は企業組織の内部にかかわるものであり，適応性とミッションは組織と外部環境にかかわるものであるといえる。統合化する次元として，1つは組織内部か組織外部かという次元が考えられ，他の次元は変化と安定性という要因が考えられる。この2つの次元で4つの仮説を関係づけることで明確になる。

　適応性と参加を志向する組織は，高い一貫性と強いミッションを志向する組織よりも，多様性をもたらしより多くの解決策を提供できる可能性を持っていると考えられる。一貫性とミッションへの強いバイアスがかかると，安定性とコントロールが強調され，多様性が失われてしまうことになる。4つの仮説を相互に関連づけて統合化することによって，企業文化の持つ意味を容易に理解することができるようになるといってよい。

組織運営―社会化の進展

　これまで述べてきた特徴を有している日本企業の組織は，組織運営において特徴的な側面をもっていたと考えられる。組織運営のあり方は文化の影響を強く受けるからである。集団主義的文化を反映して，人々は企業固有の従業員として求められる能力の育成と動機をもつことが重要であると考えられた。

能力開発

　企業にとっては人々が企業外の知識を含め高い能力を陶冶することが望ましいことはいうまでもないことである。とくに日本企業では企業内でのセミナーの実施，能力開発を目的としたジョブ・ローテーション制度が多用されてきた。

　このような方策が重視されてきたのは，周知のように終身雇用が定着していたことから容易にわかるように，企業は人材の雇用にあたってはおのずと内部労働市場に依存せざるをえないからである。逆に外部労働市場が存在していれば，このような能力開発制度は必ずしも必要ではなかったことになる。この点もまた文化の相違に起因するところである。

　とくに，日本企業の特徴が典型的に現れているのがジョブ・ローテーション制度である。この制度は，各自が勤務する職場を異動することによって知識や技能を身につけられるという効果をもつ。企業が最も必要としている経験や能力が開発されるからである。また能力開発だけではなく職場をローテーションすることによって，人々が職場を越えたコミュニケーションを図ることができ，そのことが問題解決のために協力体制を組むための下地を形成するものであったといえる。パスカルらも指摘しているように，ジョブ・ローテーションは全社内にわたる目的意識を育てることができるからである。そして企業に相応しい能力の開発が試みられてきた。このようにしてこの制度の積極的導入は従業員のモラールアップに貢献していた。

モティベーション

　従業員における企業固有の能力の獲得を目的とするのが，前述の能力開発にかかわる制度である。そこで培われた能力の行使や強い目的意識をもって人々を積極的に行動させるための補助手段として整備されたのが，モティベーション制度である。高度成長下では従業員持株制度や持家制度，社宅制度などがとりわけ積極的に導入されていた。

　このようなモティベーション制度を積極的に導入している企業の従業員のモラールが高くなっていた。能力開発への積極的取り組みとあいまってモティ

ベーション制度は，企業の基本的目的の実現に向かって両者が補完的関係をもちながら作用していたといえる。この二つの施策によって企業に求められる固有の人材が育成されてきたのが日本企業のマネジメントの大いなる特徴と評価することができた。

　いわゆる従業員を社会化することによって集団主義的文化に根ざしたマネジメントのあり方が構築されることになったのである。社会化がこのような施策によって進展・強化された結果，組織全体としての日常的活動の効率化つまり生産性の向上は実現されるものの，その半面人々の画一的発想と行動がより強く求められることになったといえよう。

２．日本のマネジメント

　以上のような土壌の上にカンバン方式つまり JIT 生産方式が確立されることになる。前章で簡単にふれたように，日本企業はプロセス・イノベーションをとおして生産性の向上，高品質化を実現してきた。ここでは，JIT 生産方式については略述したので，マネジメントという視点からその特徴を要約的に述べることとしたい。

企業文化に根ざしたマネジメントの特徴

　マネジメントつまり組織構造や組織運営の基本的な手法は，日本が欧米から学習したように諸外国の企業のそれとは共通したものである。しかし，それらの活用にあたっては文化的な相違を反映して異なった形で形成されることになる。JIT 生産方式もこうした文化的特徴を反映したものである。

日本の企業文化

　企業文化は各々の企業が属する国の文化を土台として形成されることは明らかなところである。それは，すでに指摘したように集団主義的文化に根ざしたものであるといってよいであろう。この文化的特徴はいくつかの典型的な企業経営の仕組みや制度に具現化されている。

　図表 9 は，日本のマネジメントが高い評価を受けていた時期に，比較経営の視点から米国日系企業の日本的マネジメントの制度の適応可能性について調査されたものである。この調査結果についての評価は後述するとして，まずこの表に掲げられている制度や習慣について，チームワーク，安定雇用，報酬制度，従業員参加，労使協調などの制度や習慣は集団主義的な企業文化の代表的なものである。これらの制度・習慣が成長期の日本企業の生産性や高品質化を支えてきたことも事実である。

図表 9　米国における日本的経営制度の適応性

日本的制度・習慣	対米進出企業での採用作数		A 対米同化例	B 文化障壁例	C 輸出可能例
	イエス	ノー			
意思決定					
りんぎ制度	0	10	×		
チーム・ワーク	7	3			×
開放的共同オフィス	1	9		×	
安定雇用					
終身雇用制	0	10			
ミニマム・レイオフ	10	0			
報酬					
年功序列	0	10			
多大な企業内福祉	0	10	×	×	
活発な社内行事	0	10	×		
品質管理					
厳重な検査	10	0		×	×
従業員参加	7	2			×
労使関係					
心地よい職場	8	2			×
人間的労務管理	9	1			×
自由な意思交換	8	2			×
企業内組合	0	10			

ロバート S，オザキ著『米国日系企業の苦悩と対応』日本貿易振興会，1980 年，31 頁

　チームワークは，従業員参加とあいまって品質管理のための QC サークルの活動を実現する力となったものである。さらに安定雇用の仕組みや，労使協調の仕組みが，こうした活動を下支えしていたのである。同時に図表からも明ら

かなように，これらは極めて文化特殊的な制度・習慣であったものと理解でき
る。なかでも終身雇用制はとりわけ日本的な文化に強く根ざしたものであると
いえる。

このように日本企業は，組織に参加する人々が相互依存を前提に活動を行っ
てきたという特徴を有している。しかも企業内福祉や前述の能力開発制度の積
極的な運用によって人々の社会化を促進することができた。このことが生産
性・高品質といったオペレーション効率を武器に競争を展開することによって
国際的評価を得てきた要因といえよう。パスカルらによると，企業経営の日米
の相違は次の点にあるとされている。

図表 10 に示されているように，企業の経営はさまざまな要素から成り立っ
ている。これまでにも述べてきたように，日米企業の機構は似かよったもので
ある。むしろ両企業の違いを示す要素は図の横棒より上の要素にほかならな
い。ジョブ・ローテーションに典型的に現れているように，経営スタイル，ス
タッフィング，理念，マネジメントのスキルであると指摘されている。それら
は前章ですでに指摘したように，文化的な相違から生じるものである。この相
対的な特徴がこれまでの日本の企業経営の強みを作っていたのである。

このような評価を受けた日本のマネジメントはその後ポーターによって次の

図表 10　企業経営の特徴に影響する要素

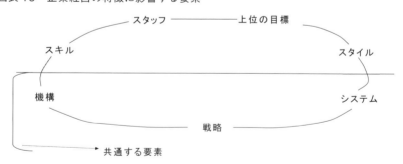

リチャード・T・パスカル，アンソニー・G・エイソス著，深田祐介訳『ジャパニーズ・マネジメント』
講談社，1981 年（Richard T. Pascale, Anthony G. Athos, *The Art of Japanese Management*, Simon & Schuster,
1981）

ように再評価されることになる。

　日本企業はオペレーション効率においてはるかに先行していたため，生産性
のフロンティアを規定した。この生産性のフロンティアは，企業がある所定の
コストのもとで，入手可能な最高の技術やスキル，経営手法，調達した投入資
源を用いて買い手に対して与えうる最大の価値として考えることができる。要
するに生産性フロンティアとは，ある時点においてある産業内に存在するベス
ト・プラクティスの集大成である。（図表 11 参照）

図表 11　生産性のフロンティアを押し上げた日本企業

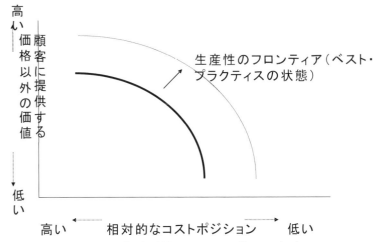

　しかし，このベスト・プラクティスはライバル企業によって模倣されてしま
うことになる。改善活動などは国内のみならず，諸外国企業にも模倣されてし
まうことになったのである。ポーターが指摘するように，「競争の収斂という
現象」をもたらすことになる。その結果「日本企業は，品質とコストを同時に
改善するというオペレーション効率の視点からのみ競争をとらえているため，
競争において持続的な成功を収めることを自ら極めて難しいものにしてしまっ
ている」と指摘している。このことはベンチマーキングが，企業の個性を喪失

させている原因であるということにほかならない。

3. 経済成長の鈍化と企業経営

　成長期に日本企業はオペレーション効率重視の経営を実践し，国際的評価を得てきたことは事実である。しかし述べたように，このようなベスト・プラクティスが一般に普及し学習されてしまうと，競争優位の源泉になりえないという指摘がなされている。加えてバブル経済の崩壊によって日本の市場は大きく縮小することになる。その結果，グローバル化が進展するなか，改めて日本企業の競争力が疑問視されることになる。

国内市場の縮小と企業経営

　1990年代にバブル経済がいよいよ崩壊するに及び日本企業は極めて厳しい環境の下へ投げ出されてしまうことになる。国内市場は縮小し，そのパイをめぐって激しい競争が展開されるようになった。

　先にも指摘したように，日本の産業は成長期の多角化戦略により多数の企業が同一業界に参入するという現象をもたらした。その結果，図表12に示しているように，当然のことながらバブル崩壊によってもたらされた国内市場の縮小が生産性フロンティアを逆に押し下げることになったと考えられる。この点は次のように説明できよう。

　市場が拡大している間は，大量に高品質の製品を製造・販売することによって高収益を実現できたが，市場の縮小によって生産・販売量は縮小し従来の方法では経営を維持できなくなり，結果として非効率を生み出すことになってしまったのである。加えて競争優位を構築してきた効率化の方法は，諸外国企業の学習・模倣によって比較優位を失っているという現実もあったのである。そのため，企業は合理化・省力化によって苦境をしのぐという行動に出るほかなかったのである。

64

図表 12　国内市場の縮小と生産効率の関係

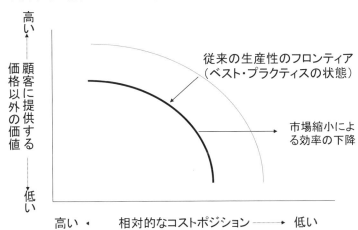

マイケル E. ポーター著，竹内弘高訳，榊原磨里子協力『日本の競争戦略』ダイヤモンド社，2001 年
(Michael E. Porter & Hirotaka Takeuchi in cooperation with Mariko Sakakibara, *Can Japan Compete* 2000, Free Press) 本書の図 11 から修正

　縮小したマーケットでは，従来存続することができたオペレーション効率の悪い企業は衰退の道を辿るという現象を生み出すようにもなってきた。つまり，オペレーション効率の良い企業が効率の劣る企業のシェアを奪うことになり，倒産の憂き目に遭う企業が現れるようにもなってきたと考えられる。

　91 年度における企業の経常利益は白書によれば，前年度比 12.1 ％の減少を示していた。その結果筆者らの 90 年代半ばの調査結果によっても，例えば機械産業では競争の激しい工作機械分野から半導体関連機器などの分野に活路を見出そうとする企業が多いという現象が見られた。その結果，後に半導体不況に直面すると，再び苦境に立たされてしまうことになったのである。それはそれぞれの企業の判断が横並びになされた結果であるといえよう。

　こうした事態を回避するためには，企業トップの発想の転換が求められるところである。そこで，いま少し日本企業の 90 年代初頭のイノベーションへの取り組みについて振り返っておくことが重要であると考えられる。

日本の研究開発には二つの特色があることが指摘されてきた。それは①基礎研究よりも応用・開発研究に優位性があること，②プロダクト・イノベーションよりもプロセス・イノベーションに重点があったこと。この傾向はその後も継続し，基礎研究を重視する企業は2008年においても8.6％と極めて少ない（応用研究：25.0％，開発研究：66.4％）。とくに開発研究に圧倒的なウエイトが置かれている。この傾向には現在も大きな変化は見られない。当時91年白書が指摘しているよう，企業は応用研究・開発研究に裏打ちされたプロセス・イノベーションは連続的で小さいが堅実な進歩・改良につながり，マーケット拡大を実現すると評価している。この主張は決して当時としては間違ってはいなかった。

　しかし，今日のような状況の下で，このような研究開発活動のあり方でよいのかという問題が生じてくる。その傾向は生産性のフロンティアの上昇をもたらすであろうが，それが競争力維持につながるかという点では，否定的にならざるをえない。

　では，厳しい環境変化にさらされている2000年初期の状況のもとでは，研究開発投資はどのような推移を示しているのかについて簡単に見ておきたい。売上高に対する研究費の比率に関して2000年以降のアンケート調査の結果を見ると，「2〜4％未満」とする企業が最も多く，回答企業全体の25〜30％程度を占めている。次いで多いのが「4〜6％未満」であり，20〜25％程度の割合で推移している。2001年調査では「0〜1％未満」「1〜2％未満」と回答する企業の割合がやや多かったものの，この年を除けば回答企業の半数を超える企業が売上高の2〜6％程度の研究開発投資を維持している。

　しかし，このように研究開発への積極投資の姿勢が認められるものの，そのことが新製品の開発に結実し売上高に貢献しているかが問題とされなければならないであろう。2003年度調査から新製品売上高寄与率の推移を見ると比率が相対的に低下している傾向が認められた。

　たしかに新製品売上高寄与率と売上高研究費比率とは06年から09年の調査結果を見るといずれの年度においても両者は有意な相関関係を示していた。

この点から当然のことながら，研究開発投資は新製品開発にとって重要であることには違いはない。しかし，その投資が近年の環境変化に対処するに相応しいものであるかは疑わしいと考えられる。事実，コア技術は技術環境の変化によってその意義が低下するケースが多いからである。

　企業は絶えずコア技術の強化・更新に努めなければならない。しかし，売上高研究費比率と製品イノベーションへの取り組みとの関係を見ると，06 年度調査結果のみで研究開発投資とコア技術の強化の間に相関が認められるものの，他年度については相関関係を認めることができなかった。

　このような傾向から，企業は指摘したように開発研究を重視するとともに従来どおりのプロセス・イノベーションに焦点をあてた活動を重視していると推測できる。

4．日本企業が抱える問題

　これまでの 3 つの節では，まず日本企業の現在抱えているマネジメントの課題につながる組織運営に見られる特質，つまり集団主義的文化を背景とした特徴である社会化の問題を中心として概説し，そこでは多様性が許容されないという問題が存在するのではという点を提起した。前節では，バブル崩壊以後の経済成長鈍化を背景として，企業がどのような戦略的限界に当面しているかについて検討した。

日本企業の利益率

　日本の産業では企業の数が多く，加えてこの章で指摘した理由も加わり，海外企業と比べて利益率が低くなっている。再度ふれると軒並み低い利益率が示されているが，とくに半導体産業での利益率の低さが際立っている。こうした利益率の相対的な低さを産業での企業数の過多という理由で片付けてしまうことはできない。この点は後に述べるようにオペレーショナルな効率化のために終始努力してきた結果であることを承知していなければならないものと考えら

れる。

オペレーション効率からの脱却という課題

　以上の３つの節の検討から重要なことは，企業がこれまでのオペレーション効率の追求をひたすら行ってきた戦略・戦術を検討しなければならないと考えられる。

　それには，企業自らオペレーション効率のみの追求で激動する環境のもとでいかに存続できるかについて考えることが必要となるであろう。

　生産現場における生産性の追求は重要な戦略的要素ではあるが，それのみでは企業の競争優位を構築することはできないといってよい。そこで，ここでは変容した市場にいかに対応していくのかが重要な課題であると考えられる。

いかに個別市場に対処するべきか

　これまで日本企業が輸出市場において競争優位を発揮し地歩を構築してきたことはよく認識されているところである。しかし，新興工業国の台頭によって比較優位の維持に疑問がもたれている。

　日本企業は，これまで述べてきたようにオペレーション効率の追求に努力をしてきた。しかし，この戦略は大きな効果をもたらしたのであるが，今日次のような理由により問題が露呈するようになってきた。

① 　外国の企業がフォロワーとして効率化の方法を学習してきたこと。

② 　オペレーショナルな効率追求の方法は，すべての市場のニーズの個別性を考慮せず，すべての市場へ同一に対応して製品供給をすることの弊害を生んでいる。

　諸外国企業による学習活動によってコスト削減・品質管理の方法による優位性が維持できなくなってきている。

③ 　日本製品のガラパゴス化現象が現れており，多くの市場での多様なニーズに応えられなくなってきている。こうした問題にいかに対応するかという課題にも直面しているといえよう。それは，いかに個々の市場における消費者の側から見て価値あるものとして評価されるような製品の提供を試み

るかということにほかならない。

　家電大手はこのような状況に対応するために次のような策をとるということを公表している。

　「家電各社は地域ごとに一から開発すると費用がかさみ価格競争力を高められない，このため基本設計を共通化，地域対応は仕様変更にとどめてコストを下げる手法に転換する。

　パナソニックの全額出資子会社，パナソニックエコシステムズ（愛知県春日井市）は空気清浄機の基本設計を共通化。本体と主要部品を同じ金型で生産し，日本，中国を含むアジア，中東で販売する。

　新興国では加湿機能を省く。高価格機には除菌・消臭機能を加える。デザインや操作部などは地域に合わせて変更。中国での販売価格は下位機種で約1000 元（約 1 万 3000 円）と従来に比べ約 3 割抑える。

　三菱電機は中級（市場価格 8 万〜12 万円）の冷蔵庫 5 機種で冷蔵室や冷凍室，ドアの位置など基本構造を統一。製氷室や内部の棚の大きさは地域によって変える。日本，香港などに続き，年内に東南アジア各国とオーストラリアにも出荷する。製造原価を約 1 割削減できるという。

　東芝は中国，東南アジア，日本で発売する 3 万円前後の縦型全自動洗濯機のボディー，洗濯槽，モーターなどを共通化。小型製品（洗濯容量 4 〜 6 キログラム）で，地域別に開発してきた同型機を新製品にすべて置き換える。各社は設計を共通化する白物家電を順次増やしていく考え。

　設計共通化はデジタル家電でも始まっている。パナソニックはインドで発売した 32 型の液晶テレビをアジア共通モデルにする。先進国向けと同じプリント基板を使うが液晶パネルは低消費電力型を採用。バックライトの蛍光管は 1本に減らしコストを下げた。マレーシアで発売，月内にもフィリピン，タイに投入する。

　サムスン電子や LG 電子など韓国勢は基本設計を世界共通にして，地域ごとに仕様を変更する手法を早くから採用。価格競争で先行し新興国でのシェアを

伸ばしてきた。」

（日本経済新聞 2010 年 8 月 15 日朝刊参照）

稼ぎ頭の自動車にも変化の兆候：日産マーチのケース

　利益率の海外企業との比較でわかるように，半導体の競争力失墜以降，自動車産業が稼ぎ頭となっていた。しかし，日産自動車マーチのタイとインドでの生産，日本への逆輸入のケースが，磐石とされてきた自動車産業の今後のあり方についての兆候を示しているように考えられる。また近年ヨーロッパ諸国を中心とした電気自動車への移行宣言などの点も戦略展開の変更を余儀なくされそうである。

５．まとめ

　この章では日本企業が今抱えている経営課題が何であるかを確認するために，経済成長とともに企業のマネジメントがどのように変化してきたかについて振り返ることから始めた。その検討のプロセスで企業文化の特徴，それに起因する組織運営とくに社会化の進展についてまず明らかにした。そのうえで日本企業のマネジメントの特徴について明らかにし，それがもたらした経済成長鈍化，さらに激変する経済がもたらした問題は何であるかについて述べ，日本企業が抱える経営課題について提起した。

第 5 章
コーポレート・ガバナンスを考える

コーポレート・ガバナンスにかかわる議論や企業の社会的責任の問題は，企業と市場，組織と個人といった諸問題をとおして展開されるようになってきた。ここでは，こうした点を勘案しながらまずはコーポレート・ガバナンスをめぐる今日的な課題についての概説と検討を加えることにしたい。

（この章は主として拙著『CSR の本質：企業と市場・社会』中央経済社，2005 年および拙著『経営学入門第 2 版』中央経済社，2017 年を参照にしたものである。なお本章の論述内容は企業の持続的成長の指標とされる ESG つまり Environment, Social, Governance の問題を考えるための参考にしていただける。）

1．経済のグローバル化とコーポレート・ガバナンス

わが国では企業の不祥事，グローバル化の進展に伴って，近年活発にコーポレート・ガバナンスにかかわる問題が議論され，制度的な方策についても新たな制度が整備されてきている。

しかし，制度的方策は別としてコーポレート・ガバナンスについての議論が現代社会における企業の効率的運営に資するものとなるのかは別問題であるといえる。こうした疑問を提示しながら，わが国におけるコーポレート・ガバナンス問題について解説を加えるのが，ここでの主たる目的である。

コーポレート・ガバナンス

わが国におけるコーポレート・ガバナンスについての議論は，ここ数年高まりを見せてきたことは周知のとおりである。バブル経済が崩壊した後に，明るみにさらされるようになった企業の不祥事といった問題もあるが，その主たる

原因は，経済のグローバル化の進展によるものであるといってよい。それは，とくにアメリカ型企業統治に倣うべきとする圧力によるところが大きいと見ることができるのではないであろうか。このような疑問は間違っているのだろうか。

　そこで，アメリカ型コーポレート・ガバナンスの特徴について考えるとともに，そのようなガバナンス体制の実現を期待する圧力のもとでどのように日本企業の行動が変化してきているのかについて略述し，アメリカ型コーポレート・ガバナンスのあり方の問題についても考えてみたい。

日本企業への批判

　グローバル化が進行するなか，日本企業は ROE（株主資本利益率）軽視の経営を行ってきたと内外からの批判にさらされてきた。企業評価の指標として ROE を最重要視してきたアメリカ企業や欧米の投資家から見れば，株主軽視の経営という批判が起こっても当然のことである。

　これまで日本企業の株式はグループ企業の相互持合によって大半が保有されていたため，アメリカの年金基金に代表されるような機関投資家や個人投資家の利害を強く意識して経営を行う必然性がなかったといえる。こうした株式所有の特質が，日本的企業観と近年指摘されている不祥事などを招く体質を作り出してきたといえそうである。しかし，後述するようにこのような点は認められるものの，日本的企業観が必ずしも根本的に間違っていると決めつけられるものであろうかという疑問が残る。

２．日本的企業観がもつ積極的側面と消極的側面

　日本的企業観とは，前述の株式所有の構造から企業は株主から切り離された存在として捉えられ，企業は顧客・ユーザー，従業員のために経営されるべきものであるという考え方を意味している。しかもこのような企業観のもとで，すでに述べたように企業を熟知している人々が経営の執行の任にあたることはもちろん，同時に取締役会の構成メンバーとして企業統治にあたるべきである

ということになっていた。

積極的側面

このような日本的なコーポレート・ガバナンスのあり方は，過去において日本企業の欧米企業に対するキャッチアップのスピードを加速し，国際競争力の構築につながったという側面は否定できないであろう。株主の存在をそれほど重要視しなくてよいということであれば，短期的な高水準の ROE 追求の経営姿勢をとる必然性は低下し，より長期的な視点から設備投資などに資金を注いで企業経営を行うことができたからである。その結果，取引先との安定した関係が継続でき企業の持続的な成長が実現され，従業員の雇用維持が保証されてきたと見ることができ，この限りにおいて日本的な企業観は，それなりのコーポレート・ガバナンスのあり方を形成していたと見ることができよう。

消極的側面

しかし，このようなコーポレート・ガバナンスのあり方は同時に，長い間に別の企業体質を生み出す原因になってもいる。前述のような日本的企業観が企業活動のより内側に位置するステークホルダーである取引先や従業員への厚い配慮を促す一方，企業の価値創造活動のより外側の存在であるステークホルダー，とりわけ資本提供者である株主についての配慮を欠き，十分にその利害を満たそうとしない体質を作り出してきたわけである。

ROE の軽視はもちろんであるが，株式持合による企業間の相互依存，そしてほとんどの構成メンバーが企業内からの「生え抜き」である取締役会におけるメンバーの相互依存関係ができあがり，経営者自身が企業内で問題のあることは穏便に処理しようという解決策が自然に優先されるようになってきたといえよう。

このような穏便にという体質が，企業外部への情報開示を怠り，企業経営の透明性を欠くという結果をもたらし，臭い物には事前に蓋をしてしまおうというトップの姿勢が習慣化し不祥事などに象徴されるような事態を招くようになったと考えられる。

日本的企業観の再吟味

　不祥事を防止するためには，もちろん，法的・制度的な環境の整備は必要であるが，法や制度はあくまでも事後的な処理にかかわるものであり，しかも法を遵守するのは法治国家としての企業にとっては当然の義務であるといえる。

　不祥事を事前に回避するためには，法を超えた領域での企業の自発的な行動が重要になるといえる。もし日本的企業観に企業の長期にわたる維持・発展という意味が付与されているとすれば，この企業観を必ずしも改める必要はないであろう。むしろ，さまざまな影響力を与えるほどあらゆるパワーをもつ存在となり，経営の国際標準化を迫られている日本の大企業は日本的企業観の意味を再吟味し，トップと企業の果たすべき役割を十分に考えなければならない状況にあるといえる。

3．アメリカ型コーポレート・ガバナンスの特徴と日本企業

　これまでの日本的企業観が生み出す問題は，景気後退，不祥事の発生に加え，グローバル化の進展によって解決すべき重要課題になってきた。そのなかアメリカ政府や投資家の影響や圧力のもと，この問題をアメリカ型コーポレート・ガバナンスのあり方に近づけることによって解決しようという動きが制度改革や企業行動に見られるようになってきた。

　ここでは，こうした動きを理解するためにアメリカ型コーポレート・ガバナンスの特徴と近年の日本企業の行動の変化について見てみることとしたい。

アメリカ型コーポレート・ガバナンス

　グローバル化が進行するなか，日本企業は ROE（株主資本利益率）軽視の経営を継続していると，内外からの批判にさらされてきたことは，指摘したとおりである。とりわけ，企業評価の指標として ROE を最重要視してきたアメリカ企業や欧米の投資家から見れば，株主無視の経営という批判が起こっても

当然のことである。その原因は，日本企業特有の株式の相互持合によるところが大きい。

そこで，アメリカ型コーポレート・ガバナンスの考え方について，その特徴を要約的に把握しておくことにしたい。

典型的なアメリカ型コーポレート・ガバナンスの考え方（フリードマンの考え方）

アメリカの典型的なガバナンスの考え方には，企業とは所有者である株主への利潤の分配という目標をもって，財とサービスの生産および流通に従事している私的に所有されたものであるという理解が根底にあるといえるであろう。その典型的な考え方は，ミルトン・フリードマンの主張に見られる。

フリードマンの主張は，企業は，財やサービスを生産し，市場に適正な価格で提供するところに基本的な目的をもつものであり，これを超える如何なる目的も資本主義経済では考えられないとするものである。この主張は，市場の論理の追求と人間社会の幸福が矛盾するものではないとする考え方が根本にあるということにほかならない。『アメリカ型企業ガバナンス─構造と国際的インパクト』（東京大学出版会）のなかの主張にあるように，企業組織を構成する人々つまり従業員は，直接的あるいは間接的な株式投資をとおして企業の株主となって，企業経営をチェックし，「儲け」の分配にあずかる仕組みになっているとされるからである。

このようなアメリカ型コーポレート・ガバナンスの特徴は，これまで終身雇用制度などによって労使協調体制を形成してきた日本企業のガバナンスのあり方とは基本的に異なるものであることは改めて指摘するまでもない。これまでの日本企業のガバナンスのあり方は会計情報などの情報開示をなおざりにし，さまざまな不祥事を招いてきたわけであり，この点についてはアメリカのコーポレート・ガバナンスの仕組みは，こうした問題を回避・調整するためのメカニズムが機能する側面があるともいえよう。

しかし，こうしたガバナンスの主張に対して大企業がさまざまな権力（パワー）をもち，行使している状況のもとではアメリカ型コーポレート・ガバナ

ンスの理想型で企業を捉えることができないとして，1970年代から批判がなされ，今日のコーポレート・ガバナンスや企業の社会的責任をめぐる議論となって継続されるようになっている。

日本企業の特徴

制度改革

近年の景気後退による企業収益の悪化，企業不祥事などの要因が，欧米の投資家による批判を呼び，日本企業のガバナンスのあり方は株主軽視であり株主の利害を損なうものであるという批判的圧力が高まってきた。企業の株主価値を最重視し企業経営の任にあたるべきであるという批判にほかならない。

そのため経営者の行動の監視を強化するための制度改革も実施されてきた。すでに述べたように，取締役会の機能強化，執行役員制度，委員会等設置などがその例である。取締役会のなかに委員会を設置し監視機能を強化するという制度改革（2002年の商法改正）はアメリカ型の経営の仕組みがモデルになっている。

それは90年代以降の景気後退，さらにはさまざまな不祥事を防ぐために，法的にも実務的にも，経営のチェック機能を高める努力がなされてきたが，これだけでは不十分でより業務の執行と監督を明確に分離し，コーポレート・ガバナンスを強化して経営の透明性を高める必要があると考えられたからである。

このような制度改革などの影響を受け，日本企業の行動はどのように変わりつつあるのであろうか。

企業行動の変化

ROE 重視度

典型的に，アメリカ型コーポレート・ガバナンスの主張は，ROE 重視に見られるように株主が取締役会をコントロールする手段として企業統治の問題を定義するというものである。

　そこでコーポレート・ガバナンスの議論が盛んに行われるようになってきた時期に，日本企業が ROE 指標をどの程度重視しているのかを慶應義塾大学戦略経営研究グループの調査結果（十川廣國著『CSR の本質：企業と市場・社会』中央経済社，2005 年）を参照しながら見てみることにしたい。

　この時期，ROE を重視しているとする企業は調査対象企業のおよそ半数に達しており，一方で ROE をあまり重視していないとする企業の割合は極めて少なくなっている。こうした調査結果から，日本企業にも ROE 重視の傾向が強く現れてきていることが理解できる。

　では，日本企業の行動変化を確認するために，このように ROE 重視をする割合が高まるなかで企業は株主への配慮をどの程度考え行動していたのかという企業の姿勢を先の調査結果に基づいて見てみると，「株主をほとんど考慮しない」とする企業の割合は 1 ％に満たず，逆に「株主を大いに考慮している」とする企業の割合は 40 ％近くに達していた。

従業員への配慮とその問題

　こうした動きに対して，とくに従業員への配慮の程度は，景気回復の兆しを受け，やや高まる動きが見られるが過去数年株主配慮の高まりとともに，逆の動きを示してきたという現象が見られる。

　従業員に対する配慮の程度を見ると，「大いに考慮する」とした企業の割合は，20 ％台に推移し，株主重視の程度に比べてかなりの低水準を示していた。景気後退期の最中，業績回復・高まる株主主権の圧力から企業は収益維持のためにリストラ戦略による人員削減を進めていたことがこの動向からうかがい知ることができるといってよいであろう。景気後退期を乗り切るために，人員削減を実施することによって，企業の短期的な収益性が改善されるであろうことは間違いないところである。

　しかし，今日のような組織社会において個人は企業という組織に参加することによって自らの金銭的・非金銭的目標を達成せざるをえないという側面がある。また企業組織の側面から見ても，こうした個人の動機を満たすことによって組織目標を達成するべく経営され，経済的に自立できなければならない。

言い換えれば，組織を構成する人々の利害が充足されて初めて，企業の組織能力が向上し高い経済性を実現し，その結果株主その他ステークホルダーの利害充足を実現することにつながっていくものであるといえる。

　ここで重要なことは，仮に最終的に株主の利害充足が企業の目標であるとしても，企業は競争優位を構築しなければそれも実現不可能になるという点について思いをめぐらせる必要があるということである。企業の競争優位の源泉はどこに求められるのかという問題について検討をし，この課題について考察を進めていくことが重要といえよう。

株主最重視の問題—ROE が企業評価の唯一の指標か

　従業員は顧客への製品やサービスの提供を効率的に行ううえで，直接にかかわりをもっており，従業員が価値創造活動に積極的に参加する結果として顧客に満足を提供し，市場でより受け入れられる製品・サービスを供給することができるようになると考えられる。その一方，こうした企業内での価値創造の努力は収益という見返りを企業にもたらすことになる。

価値創造の重要性

　企業にとっては，ポーターが主張しているように，価値連鎖をシステムとして管理し，顧客のためにより多くの新しい価値を創造することが当然最優先されなければならない。もしそうでなければ株主の利害を充足する高水準のROE を実現することはできないであろうし，まして地域社会といったより企業活動の外側に位置するステークホルダーへの利害を充足することはできないであろう。

　ここで企業は何によって経済的に自立し存続できるかについて再確認しておく必要があるだろう。たしかに株主による資本提供がなければ，企業活動は始まらないのではあるがその資本が有効活用されるためには，企業は生産活動やサービス提供といった一連の活動，つまり価値連鎖のプロセスで顧客がより多くの満足を得るような価値を創造できなければならない。

　したがって，この価値創造活動を無視して株主の利害を最優先というわけに

はいかないであろう。企業の価値創造活動によって実現された収益をとおして株主の利害を十分に満たすことができれば問題がないわけである。

　こういう見方は，ある面で企業に非効率経営の逃げ道を作り出す可能性もあることは，さまざまに指摘されているとおりである。つまり顧客，従業員重視のもとに必要以上の設備投資や無駄（スラック）を企業内にため込んで ROE の水準を低く抑え込んでしまっているのではないかという批判である。

景気低迷期の課題

　指摘のとおり，高度成長期の企業環境であればこのようなことは容易になされたかもしれないであろう。日本企業の損益分岐点が大幅に低下したという事実があるものの，それは固定費的な人件費などの削減によってもたらされたという部分が大きい。この点に加え，欧米，アメリカ製造業の競争力に比べて，今や日本企業の競争優位は相対的に弱体化しており，このような余裕などないはずである。

　ここ数年の日本企業の業績低下を株主軽視の結果だと決めつけるのには，やや問題があるようである。もちろん，過去の経営を企業は反省する必要があるわけであり，不祥事に見られるような情報の透明性を欠くような従来の企業体質を改めていく必要があることはいうまでもない。株主や顧客，従業員重視といった基本的な姿勢はこの問題の解決があってこそ，真に実現されることになるのではないであろうか。

情報開示の重視

　企業内での相互依存関係によって不始末を馴れ合いの状態で隠ぺいするといった風土は，たしかに顧客，従業員最重視の企業観から出てくるものであるかもしれない。ステークホルダーの利害に直接かかわらないものは，企業内で封じ込めればよいという姿勢になってよいものではないであろう。

　日本企業は情報開示という点で，近代化つまり国際標準化への過渡期にあるものと考えられよう。情報開示によって不公正な企業の行動に企業外部のステークホルダーからのコントロールも機能するようになってこそ，国際化時代に相応しい企業として存在しうるのではないであろうか。この点を無視して株

主重視による高い ROE 経営といっても，また同じことの繰り返しを行うことになるだろう。企業は，今改めてその社会的責任とは何かを問い直す段階にきているといってよいであろう。

日本的企業観は間違いか

しかし，このことは前述した日本的企業観のすべてが間違いであって，ROE 最優先の経営を目指せという議論につながるというものであってはならないといえる。ROE の水準は，価値創造プロセスにかかわる活動を効果的に行った結果として決まるものである。企業における価値創造のプロセスを効率化することによってより収益がもたらされるわけで価値創造プロセスがうまく機能しなければ，目標の ROE も実現できないことになる。ROE 指標は純利益が増えなくても社債発行や自社株取得によって分母の株式資本を減らすことによって引き上げることが可能になる。

したがって，ROE は企業の能力の適切な評価にはつながらないであろうし，株主の利害だけを最優先するあまり，その他のステークホルダーの利害を損ねる結果を招きその意味で不公正な企業行動がなされる可能性も出てくることを認識しておかなければならないであろう。

4．コーポレート・ガバナンスの主張がもたらす問題

アメリカ型コーポレート・ガバナンスの主張は，社会と個人の利害が調和することができるメカニズムが機能することによって成り立つものであることはいうまでもないところである。そのことによって企業を構成する人々のモティベーションも高揚し価値創造プロセスを活性化させる効果をあげることができるわけである。しかしアメリカ社会においてもその仕組みは十分に機能しているのであろうか。

ここでは，こうした問題に焦点をあて大企業問題と，とりわけアメリカ型コーポレート・ガバナンス論について少し述べておくことにしたい。

大企業が抱える問題—アメリカ型コーポレート・ガバナンスは機能しているのか

大企業が生み出す問題

　この問題は古くて新しい問題でもある。ジャコビによれば，5つの主要な企業批判がなされてきたと指摘されている。それらは次のようなものである。①公衆の利害に反する集中化された経済力の行使（市場支配力を企業が保有している），②　公衆の利害に反する集中化された政治力の行使（社会の多元主義の破壊など），③　企業は自己永続的で無責任なパワー・エリートによって支配されている，④　労働者，消費者を搾取し人間性を奪っている，⑤　環境や生活の質を低下させている。

　こうした批判は，エンロン事件（当社は不正経理・不正取引による粉飾決算を行った）にも象徴されるように伝統的な仕組みが現実に機能しなくなってきていることを物語っているといえるであろう。

　そこで今一度，企業観といった問題に立ち返って，コーポレート・ガバナンス問題を考える必要があるといえる。フリードマンが主張するように企業は所有者のためだけの存在ではありえない。

　企業という存在は，経済発展による規模の拡大とともにその本質が変容してきていると見ることの方が適切であろう。規模の拡大とともに，企業はその及ぼす影響力の範囲を拡大し，企業という実体の境界を広げてきたと見ることができる。その意味でフリードマンが描く企業という実体は現実の企業を想定したものではないといえるであろう。ここで改めて，エバンとフリーマンの解説を参照しながら，フリードマンの主張について理解を深めておく必要がある。

　それは，典型的なアメリカ型ガバナンス論はこの主張に依拠していると考えられるからである。

フリードマンの主張

　フリードマンの主張には，二つの論点があるといわれている。

　①　株主は企業の所有者であり，企業の利潤は所有者に帰属する。経営者は前述のように株主のエージェント（代理人）であり，株主の利害のために企業

を経営することに道徳的義務を負っている。そこから逸脱することができる権限を経営者には与えられてはいない。例えば，多様なステークホルダーの利害に配慮することは企業活動から逸脱することであり，そのような活動は税金をとおして政府が担うものである。

　②　株主は契約の結果として利潤の分け前にあずかる権利をもっている。製品やサービスは従業員，経営者，顧客，供給業者，地域社会，株主の生産努力の結果として生み出されるものである。これらの各ステークホルダーは企業と契約的関係をもっている。ステークホルダーはそのサービスの対価として契約のもと，例えば経営者，従業員には俸給を，地域社会に対しては税金という形で，供給業者には需給関係から支払われることになる。

　フリードマンは，自発的な契約上の調整が経済的自由を最大化し，経済的自由は政治的自由のための必要条件であると信じている。したがって，市場の機能によって対価が決定されることが最善であると考えられることになる。

　このようなフリードマンの主張はあくまでも個人の経済的自由の上に資本主義が成立しているのであり，地域社会の問題については税金という形で解決されるが，その他のステークホルダーについては基本的には市場の機能によって利害が調整されるものと考えられている。

企業の境界の拡大とステークホルダー

　企業に何らかの利害関係をもつステークホルダーは株主だけではない。もしステークホルダーをより狭義に捉えると，株主だけということになり，話を単純に進めることができる。トップは株主から経営の委託を受け，そのエージェントとして株主の利益だけのために行動すればよいということになるからである。

　しかし，今や企業の影響力の及ぶ範囲は広く，そのため強弱の差はあるが，企業に何らかの利害でかかわっているステークホルダーが多様化しているといえよう。

企業と多様化するステークホルダー

　時代とともに企業が規模を拡大するにつれ，大規模企業がさまざまな影響力を行使するようになり，従業員や顧客・ユーザーといった集団がステークホルダーとして認識されるようになってきた。さらに，企業の影響力が拡大するにつれて，地域社会といった企業活動のより外側に位置するステークホルダーが登場するようになっている。このようなステークホルダーと企業のかかわりを簡単に図示すると，次のようになる。

　こうしたステークホルダーのなかで，利害の調整者としての役割を担っているのがトップである。トップの利害調整にあたる姿勢の如何によって株主の利益を重視するのか，あるいは顧客や従業員を最重要のステークホルダーとして位置づけるのかが異なってくるだろう。

図表 12　企業のステークホルダー・モデル

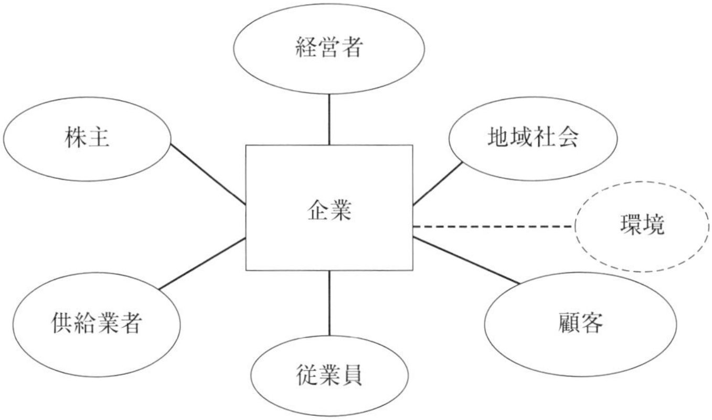

(William M. Evan and R. Edward Freeman, *A Stakeholder Theory of the Modern Corporation*, *in Ethical Theory and Business*, *Forth Edition*, edited by Tom L.Beauchamp and Norman E.Bowie, Prentice Hall, 1993)

　このようなステークホルダーのなかには，図に，破線で示されているように，地域社会を越えて，広い意味での地球環境というファクターも入ってくるものといえる。

今日においては，多様なステークホルダーが企業の経営活動にかかわりをもっており，その対立する利害をどのように充足していくのかが企業に課せられた課題となっている。これに関連して，ひとつの大きな問題は経営者をすべて株主のエージェントとしてのみ位置づけるところにあるといえるであろう。

しかし現代社会においては個人的公正と社会的公正が同時に市場機能によって達成される保証はないわけである（この考え方は，次の節で述べる企業の社会的責任論のフェーズ１に相当する）。フリードマンの主張のように，例えば従業員の俸給が需給バランスで決定されるとした場合，完全競争モデルが成立するように現実が整っていなければ個人的公正と社会的公正は両立しえないことになる。また供給業者についても同様であり，競争態様の変化が新たな大企業と中小企業の問題を引き起こすことにもなるであろう。

5．企業の社会的責任

企業の社会的責任をめぐる議論は今日極めて活発になされているが，古くて新しい課題であるといえる。古くはバーリとミーンズの所有と経営の分離論に端を発するが，まずは 1970 年代に大企業のパワーの行使によるさまざまな問題が顕在化することによって，この時期に活発に行われるようになってきたといえよう。そしてまた今日，グローバル化のもと，また不祥事の発生とともに大企業の経営をめぐって活発に議論がなされるようになってきた。この節では，まずは企業の社会的責任がどのように議論・主張されてきたのかについて概略し，今日的課題を提示することにしたい。

企業の社会的責任論の流れと発展

企業の社会的責任についての主張は，1970 年代までの３つのフェーズと現代に分けて考えることができるといってよい。

まず，1970 年代までの３つのフェーズの議論についてはヘイとグレイの論説を中心にして概略し，検討を加えることとしたい。

フェーズ 1 ―利潤最大化マネジメント

　利潤最大化マネジメントの考え方の起源は，アダム・スミスに遡ることができる。個々人が自らの利益を追求していれば，市場の機能（見えざる手）によって導かれ，公共の利益をも実現することになるというところにある。したがって，企業は利潤最大化という唯一の目的をもって行動することによって競争的市場の規制をとおして公共の利益を最大化することにつながるという考え方である。アメリカでは，19 世紀から 20 世紀前半まで広く受け入れられてきた考え方であるとされるものである。

企業の利潤最大化行動が社会的目標達成のための最善

　この考え方が受け入れられたのは，経済成長と富の蓄積がアメリカ社会における目標であり，企業の利潤最大化行動が社会的目標達成のための最善の考え方として認められたからである。そこでは，こうした企業行動をとることこそが，企業の社会的責任にほかならないとされたのである。

　このフェーズ 1 の経営者はステークホルダーに対しては，どのような姿勢で臨むと考えられるのであろうか。消費者・ユーザーは自らの危険負担で商品を市場から購入するのであって，経営者は消費者・ユーザーに対して何ら特別の行動をとることは必要とされない。労働は市場で売買される商品として考えればよいとされる。

　この段階では，経営者はひたすら利潤最大化行動をとり労働者は自らの労働が商品として市場で売買されるものと考えられ，消費者同様にその利害は市場で調整されるものと考えられていた。したがって，企業の経営者は何らその意思決定において他のステークホルダーの利害を考慮せず，その調整は市場メカニズムによって実現されるものと考えられていたといえる。

フェーズ 2

　経営者は同様に利己心が自らの行動に大きな役割を演じるが，企業組織に貢献する消費者・ユーザー，従業員，供給業者，金融機関，政府などの利害をも認識するようになったといわれる段階である。

　ここでは，経営者は所有者の利益と多くのステークホルダーにかかわる組織

のバランスをとることが，利潤創出だけの行動よりもより良い目標であると考えられることになる。

経営者は所有者の利益と多くのステークホルダーにかかわる組織のバランスをとる

その際，経営者の報告責任（accountability）は所有者だけではなく，多くのステークホルダーに向けて存在するものと考えられる。同時に技術的イノベーションは，それが人々の高い生活水準をもたらすがゆえに推奨されるべきであるとされる。このようなフェーズ1からフェーズ2への考え方の変化が，どのように起こってきたかについて若干説明を付け加えておく必要があろう。それはバーリとミーンズの研究にさかのぼることができる。

所有権が分散することによって雇用経営者が企業を経営するにつれて，企業活動は利潤以外の事柄へと関心が移り始めるようになったというのが，彼らの主張である。彼らの主張は，株主は企業の物的財産に対する支配力を失い，単なる報酬の受取人になったというところに中心がある。そのことによって信託的経営者による企業の社会的責任行動が主張されるようになったのである。

こうした主張は，その後経営者支配をめぐって多くの議論が展開されるようになっていく源になったといってよいであろう。

フェーズ3

利潤最大化や信託経営者の価値とは対照的に，この段階では経営者は，啓発された利己心（enlightened self interest）を信じ，生活の質（quality of life）という価値が強調されることになる。経営者は，社会の利害が意思決定にあたって重要であり，社会にとって善とするものはわが社にとって善であると信じているとする。

フェーズ3では，経営者としての報告責任は所有者だけではなく，その他の企業への貢献者，社会に対して生じるものとされる。そして技術的な価値は重要ではあるが，より人間的価値が重要とされ，企業と政府は社会の問題の解決に協力すべきとしている。さらに，人間を経済人と家庭人とに分けることはできず，徹底的な個人主義よりも集団的参加が，組織の成功にとっての決定的な

要因であるとされる。

フェーズ４─現在の課題

　これまでの３つのフェーズの企業の社会的責任についての考え方は，それぞれの考え方にとって代わるものではなかったといえる。それぞれのフェーズの考え方が拡大されたものであるといえるからである。それは経営者の利己心という考え方の変化に見られる。つまり所有者としての経営者から，雇用経営者への移り変わりの問題を，いずれも経営者の自己利益という形で拡張してきているという点に典型的に見られるからである。こうした点をも踏まえ，現在における企業の社会的責任問題を検討していくことが重要になろう。

社会的制度としての企業

　今や企業は多様なステークホルダーとかかわりをもっており，その意味で企業は社会的制度としての性格をもつものであるといえる。しかし，その一方で企業は経済的実体としての存在でもあり，社会的制度としての企業という存在性格といかに両立させていくことができるのかという課題をもっているといえよう。

企業の維持・発展

　そのためには企業のトップが企業の存在性格を理解し，単なるヒューマニズムという点からではなく，企業の維持・発展のためにはいかなるマネジメントのあり方が必要とされるのかについて深い関心をもたなければならない。それは一貫して述べてきたように，企業は経済実体として存立しなければならないという側面の問題と社会性をいかに両立させるかという問題にほかならない。

　企業の価値創造プロセスを活性化させ，消費者・ユーザーのニーズを真に満たす製品・サービスを提供し，その成果のうえで，価値創造プロセスの外側にいる多様なステークホルダーの利害を充足し，社会にとって公正な企業経営を確立していくことが重要になる。

　何よりも，トップの公共的意識の確立と強いリーダーシップの発揮が求められるところである。それは，公正なマネジメントについての意識の共有化が企業組織内で実現される必要があるからである。そのもとで価値創造プロセスの

あり方，さらには地域社会，環境問題にどう対処していくべきかといった企業文化が構築されていくものと考えられる。

企業の社会的責任行動とは

これまで，企業の社会的責任についてフェーズ１からフェーズ３までの段階，そして現段階についてそれぞれの特徴の概略と問題点について述べた。ここでは，いま少し企業の存在性格と社会的責任について考え，企業の社会的責任行動とはどうあるべきかについて概略することとしたい。

企業の存在性格

大企業は，集団企業（collective enterprise）としての性格をもつものであるといえる。こうした企業では，投資家，労働者，消費者，取引先，地域社会等々のステークホルダーの利害がからみ，それらステークホルダーは企業の存在と行動の如何によって大きな影響を与え，また影響を受けるものといえる。

企業にとっては，こうした多様なステークホルダーの存在を認識し，社会的要請を考慮して経営されることが求められることになる。逆に，ステークホルダーは期待と企業行動の現実にギャップが存在し，彼らの利害が満たされないときには，強い圧力をかけることができるともいえよう。

企業は，各種ステークホルダーとの良好な相互依存関係を保つことによって維持されるゴーイング・コンサーンとしての性格をもつといえるからである。

社会的責任

もちろん，ステークホルダーの利害は時に対立することがあろう。そのため，あるステークホルダーの一方的な利害の主張は否定されるべきにせよ，同時に多様なステークホルダーの利害の調整を図ることが求められるであろう。ここでいう利害調整とは，各種ステークホルダーの協力関係を確保するために社会的目的を考慮して企業が行動しなければならないということを意味していることにほかならない。

この行為こそが，企業の社会的責任にほかならない。その機能を担うのが経営者つまりトップである。しかし，所有者というステークホルダーの利害を最

大限満たすために，他のステークホルダーの利害をそのための制約条件として行動するということでは，今日的な意味の社会的責任は十分に果たすことができないであろう。

社会的責任と経営基盤の確立—マネジメントの課題

いずれにせよ今日における経済社会の変容，企業の経営構造の変質を考慮に入れる限り，企業行動を取り巻く矛盾・問題の解決にあたっては単に法的手段のみならず，企業側における社会的目的実現への配慮が求められているといってよい。それは単に倫理的・道徳的問題としてのみ論じられるべきものではなく，企業の維持・発展のために各種ステークホルダーの協力関係を確保するための重要な条件であり，いわば企業の存立基盤たる経営基盤を形成する重要な要因にほかならないからである。

このように考えてくると，現代経済社会におけるすべての社会問題が企業の社会的責任として考えられるというものではないであろう。社会の期待と現実の間にギャップが存在するから社会問題が形成されるとはいえ，企業が多様なステークホルダーの利害が要請される場として捉えられるわけで，そこでは社会の福祉の増進のために企業が果たすべき役割についてはおのずから制約が出てくるものといえよう。

そこで，企業に過大な期待をもち，特定のステークホルダーが一方的な自己主張を行ったり，広範な社会問題の解決までも企業に委ねようとしたりすることは，かえって企業の経済的実体としての目的である価値創造という機能を損なってしまう可能性をもたらすであろう。企業を取り巻く社会問題に関する責任とは企業がその本来の目的を実現し，その維持・発展を図るべく諸社会集団との共同体性を確保するために遵守しなければならない性格のものといえる。

このようにして，企業の社会的責任とは企業の経営基盤を確立する重要な要因として考えられるため倫理的・道徳的性質のものというよりも，むしろマネジメントの問題として積極的に企業が意識しなければならないものである。

企業の現実的対応と課題

　企業の社会的責任とは，企業の経営基盤を確立する重要な要因として考えられるため経営上の問題であると考えられる。そのことは，企業の活動は，価値創造にあり，新製品開発・新事業開発につながるようなイノベーションを実現しうるような価値創造プロセスの活性化を中心とするものであるといえる。

　このような価値創造プロセスの活性化と社会的責任の遂行を，いかにバランスさせるかという点が重要な課題である。両者は相互補完的関係にあり，そのために企業の社会的責任は経営的な問題であり戦略経営の課題であるといえるのである。

　この点を改めて念頭に置きながら，ここでは企業の社会的責任についての現実的対応とその課題について見てみることにしたい。

企業の現実的対応

　ここでは経済同友会が示している企業の社会的責任（「社会的責任経営」）についてまず紹介し，次いで先の調査結果を参照しながら，企業の現実的対応の問題を考えてみることにしたい。

経済同友会の「社会的責任経営」の主張

　経済同友会の報告書『「市場の進化」と社会的責任経営』によれば，「社会的責任経営」とはさまざまなステークホルダーを視野に入れながら，企業と社会利益を高い次元で調和させ企業と社会の相乗発展を図る経営のあり方であるとしている。そのことは，例えば環境保全や環境に配慮する製品・サービスの開発を積極的に行うことによってそれらが直ちに利益に結びつかなかったとしても，消費者の環境意識の変化を促し，やがてはそれがコスト削減やビジネス・チャンス拡大につながり，先行して培った技術力やブランド力が競争力になるという立場に具体的に示されている。

企業の社会的責任を事業の中核と位置づけ

　この姿勢は，企業の社会的責任を事業の中核と位置づけ，未だ顕在化してい

ない社会のニーズや価値観を積極的に企業活動に反映させることによって，将来の競争優位を獲得しようという「能動的」な挑戦でなければならないとしている。その意味するところはコンプライアンス問題に企業が対応するのは，受動的であり事業活動を通じて積極的に社会的責任を果たすべきとするものであるという。

「市場の進化」とは市場が経済性のみならず社会性・人間性を含めて評価

　その背景には，報告書のタイトルにあるように「市場の進化」という認識があるからである。ここでの「市場の進化」とは市場が経済性のみならず社会性・人間性を含めて評価するように進化すれば，市場メカニズムを通じて企業の目的と社会の期待が自律的に調和するというものである。

　ここでの主張の特質は，価値創造プロセスにおけるイノベーションをとおして社会のニーズや価値観を先取りし，企業活動に反映させようとするという姿勢にある。こうした姿勢は本書の主張である価値創造プロセスの活性化・イノベーションを基本とする立場と近いものと考えてよいであろう。もうひとつは，「市場の進化」という概念である。これは，経済性と社会性・人間性とを調和させようとする考え方であり，経済性と同時に社会性・人間性の問題を積極的に考慮し，事業活動を行っている企業について市場で評価させようというものである。このように社会性・人間性を市場が評価できるような仕組みを構築しようというのが，「市場の進化」という主張にほかならない。

企業を評価する社会の意識の変化を促す必要

　しかし，そのような仕組みが機能するには，企業を評価する社会の意識の変化を促す必要がある（これは意識変革という意味のイノベーション）。もうひとつの問題は，経営者の立場から企業の持続的発展を考えるとともに，より良い社会の実現を目指すという考え方がなければならないであろう。

　そのことは，社会の意識変革を進めるためには，企業の持続的発展という使命を担う経営者が自らの意識を公共的観点へと転換できるかどうかにかかって

いる。「市場の進化」という意味で，市場メカニズムが報告書にあるとおり機能するということであれば，経営者の行動は市場で評価されることになる。しかし，社会変革のプロセスにおいては，経営者による企業経営の方向づけが重要であり経営者の利害から経営が行われると，他のステークホルダーの存在を軽視するという弊害が生じると考えられる。この点，経営者の公共的観点の確立，財務情報のみならず非財務情報の開示という課題を含め，いかに克服するかという問題が残されているものといえよう。

企業の対応とその効果（日本企業の調査結果）

経済性と社会性・人間性の調和を図ることは，当然企業の社会的責任であることはいうまでもない。ここでは，この点を前述の慶應義塾大学での調査結果を使用して見てみることにしたい。

ここでは株主，従業員，顧客・ユーザー，供給業者，地域社会に対する企業の姿勢について，近年の推移を見てみることにしたい。

日本企業は消費者・ユーザーに最も配慮の経営姿勢の傾向

日本企業は消費者・ユーザーに最も配慮した経営を行っているといえる。企業は価値創造を通じて，企業目的と社会の期待に応えるという姿勢が，より強く意識されているといえよう。従業員については，リストラ戦略が一段落し，価値創造プロセスの担い手としての従業員の存在が再び強く意識されるようになってきていると見ることができよう。供給業者については，競争のもとで依然コスト優位を確保しなければならないとする意識が強いため，「大いに考慮する」という企業の割合が低下したと見ることができよう。しかし，従業員，消費者・ユーザー，供給業者への強い配慮が製品・技術の開発といった要因と相関があり，価値創造プロセスの活性化のためにはまずはこうしたステークホルダーへの企業の配慮が重要であるといえる。

株主については，従来とは異なり重視する姿勢が強くなってきている。一方地域社会についてはステークホルダーのなかでは最も遠い存在であるという意識が反映されているものといえるであろう。地域社会はステークホルダーのなかで最も遠い存在というのは，このステークホルダーが企業の価値創造プロセ

スには間接的にかかわりをもつものであるという認識に加え，いわゆる受身の
社会貢献などの活動が中心になるという意識があるからと考えられる。

　もちろん，環境経営についても，重要な課題であるということを付記してお
きたい。

6．まとめ

　この章では，まずコーポレート・ガバナンス問題を要約的に紹介し，次いで
社会的責任についての考え方の主な流れについて検討し，現代企業の社会的責
任をどのように考えればよいのかについて検討した。さらに現実の企業の対応
がどのように考えられ，実際に各ステークホルダーへの対応がどのようになさ
れているのかについて経済同友会の見解と慶應義塾大学戦略経営研究会の調査
結果を参照して検討を加えた。

　そこで，経営者の企業経営の方向づけが重要であり，経営者の利害から経営
が行われると弊害が生じると考えられる。この点，経済同友会の提言に対して
経営者の公共的観点の確立，財務情報のみならず非財務情報の開示という課題
を含めいかに克服するかという問題が残されているという課題を提示した。調
査結果からは，企業のステークホルダーとりわけ価値創造プロセスによりかか
わりをもつ従業員，消費者・ユーザー，供給業者への強い配慮が製品・技術の
開発といった要因と相関があり，まずはこうしたステークホルダーへの企業の
配慮が重要であるという点について述べた。

　しかし近年の品質改ざんなどの不祥事はその情報の隠ぺいなど社会的責任に
反する行為であると同時にコーポレート・ガバナンス問題にかかわる重大事案
であると考えられる。

第 6 章
企業の克服すべき課題

多様なステークホルダーのなかに存在する現代企業にとって重要なことは，経済的に自立した存在でなければならないということである。企業にとって持続的発展を実現するには多くの課題を解決しなければならない。

ここでは，こうした観点から企業が直面している課題・その解決の方向，そして解決策を実践するためのマネジメントのあり方について概略しておきたい。

（本章は主に十川廣國著『マネジメント・イノベーション』中央経済社，2009 年を中心にしてまとめたものである）

1．市場の境界の変化への対応

市場の境界の変化には技術的イノベーションの変化による業際化と地理的変化によるものが考えられる。それぞれについて略述することにしたい。

業際化

市場の境界については，二つの側面から論じることができるであろう。ひとつは，技術的イノベーションによって主に製品技術が複合的な技術で構成されるようになり，異業種と従来呼ばれてきた業種が新しい市場に参入し，競合するケースである。例えば，コピー機やコンピュータといった製品は精密機械メーカー，光学機器メーカー，家電メーカーなどが製品を世に出しており，技術による境界拡大の典型であろう。また，化学素材メーカーが技術を応用して電子デバイスの市場に参入し，あるいは印刷企業が同じく電子デバイスに進出するなども別のケースとしてあげられるであろう。これらは，技術をとおした業際化による市場の境界の変化にほかならない。

また近年 AI の進化・応用とともに IoT の進展による新たな変化が見られ

る。2016 年度の調査においても IoT を重視している企業は多くなっており，導入の期待効果として業務効率化に大いに有効としている企業は 51 ％を占めており期待感が大きい。加えて IoT の活用が新製品開発に有効性が高いとの判断も行われており，この点からも IoT の重要性が認識されている。事実 FANGと総称されるフェイスブック・アマゾン・ネットフリックス・グーグルの 4 社が新たな事業創造につなげている。

　こうした動向のもと日本経済でも IT 関連の需要を背景とした設備投資・生産活動が好調となっており，やや景況感の改善をもたらしている。

市場の地理的変化

　もうひとつの側面は，市場の地理的な変化である。経済のグローバル化によって市場の範囲が拡大し，国内的な競争ではなく国際的な広がりの中で市場競争が行われるようになってきている。それは先進国市場に限らず，BRICs 諸国の経済力の台頭によって，より市場のボーダレス化が進行してきたことは周知のとおりである。

　企業を取り巻く環境要因としては，この数年で海外競合他社との競争激化をあげる企業の割合が大きく増えてきている。とくに近年，国際市場へと活動の場を広げる日本企業と日本市場へ進出する外資系企業が増え，真のグローバル化，ボーダレス化が進行し，海外競合他社との競争が本格化している。むろん，モノや技術のグローバル化だけでなく投資のグローバル化も進展していることも周知のとおりである。

戦略転換への挑戦

　企業には今や戦略転換が求められているのである。変化に対して的確な戦略行動がとられた場合には企業に収益の改善・拡大をもたらすことになる。収益改善・拡大のために企業は絶えず将来を見据えたイノベーティブなマネジメントに挑戦していかなければならない。

　売上成長がイノベーションによって実現されるためには，イノベーションの成果を変える必要があると指摘されている。そのためには，経営陣によるイノベーションへの積極的な取り組みが必要であり，どのようにイノベーションに

取り組むかということによって成果は左右されることになろう。

　その意味において，市場の境界の変化あるいは競争の質の変化は，企業にとって大いなる脅威であると同時に，他方ビジネス・チャンスでもあると考えられる。

２．コア技術の強化・更新によるイノベーション

　企業は近年のグローバル化による競争激化に対して短期的な対応を試みながら，将来への持続的発展を見据え，長期的な戦略として新製品開発により重点を置くという経営姿勢をとる必要がある。新製品開発は売上成長に向けた競争優位構築のための最重要戦略である。

厳しい市場競争を乗り越えるためのイノベーション創出

　経営のかじ取りのために戦略的判断を行うのはトップにほかならない。とくに厳しい市場環境の下で戦略的判断を行うにはトップの特性の如何が重要な意味をもつ。すでに市場環境の不透明感からイノベーションを優先した経営に重点を置かなければ競争を乗り越えていくことはできないからである。イノベーション主導の創造的経営を実践するためには戦略対応を行うトップの積極姿勢が重要となる。

　こうした点を 2016 年に試みた実証分析を参考に見て考えることとしたい。トップの特性から見ると，企業家精神旺盛なトップは戦略策定にあたって国内活動・海外活動のために社内外の情報の起点となる人材（カタリスト）の育成に取り組んでおり新たな創造的活動に備えるべく人材育成に積極的な取り組み姿勢を示している。

トップ牽引によるイノベーション創出可能な組織づくり

　企業にとって基本的目的は価値創造を行い，経済的制度として自立し，その結果として多様なステークホルダーの利害を充足することにある。基本的目的

の実現のために，イノベーションの実践にいかに取り組むのかということにほかならない。

トップのリーダーシップ・スタイル

イノベーション実現のためには戦略的意思決定の主体であるトップの姿勢をまず見直し，組織的課題を解決しなければならない。創造的経営とは，企業がいかに新たな価値創造を実現するマネジメントのあり方を構築するのかということにほかならない。そのことは製品イノベーションを実現できるような体質に企業を変化させるという意味であり，価値創造プロセスの活性化にほかならない。

組織学習の重要性―多様性を求めて

戦略策定にあたって過去の成功体験を重視しない挑戦的なトップは経営資源としての人材育成を心掛けており，またこのタイプのトップのいる企業ではミドルの組織改革への抵抗が少なく，組織の風通しがよくなっている。このため組織内での積極的な意見交換の土壌が生み出され製品の改良や生産活動効率化のための提案・活用が積極的に行われるようになっている。このことは組織学習が十分行われている証であるともいえよう。

そのことを示すように，成功体験を重視しないとするトップのいる企業ではチームや集団を構成するメンバー同士が多様な知識・考え方をもって仕事にあたる傾向が強い。組織内で多様な文化が許容されており，同時に組織内に多様性をもたらす学習活動が活性化されている。

スカルジンスキ とギブソンによれば，学習活動活性化のためには次の4点の視点が重要であると提案している。①産業や企業内に存在するドグマに疑問をもつことであり，従来の産業や企業のルールに縛られないような発想が必要となること。②ゲームのルールを実質的に変更するような発想が重要であること。③特定市場向けの製品やサービスの提供者よりもむしろ技能と資産のポートフォリオとしての企業を考え，資源能力を向上させることが必要であること。④はっきり見えない感覚を強調し，満たされていないニーズを，顧客の感覚で学習するという顧客志向が重要であること。

このような4つの視点で物事を観察し，問題解決に挑戦するためには異質の考え方や専門能力をもった人々のコラボレーションによる学習が不可欠となる。

エネルギーとしての多様性を活かす

指摘したようなイノベーションの4つの視点の必要性から明らかなように，多様性をうまく活用できるようなコラボレーションが重要となろう。つまり，多様性がイノベーションの燃料になると考えられているからである。イノベーションに向けたチームの構成については，ジェンダー，人種，文化などの多様性を結びつける能力ではなく，異なったスキル・能力・ものの見方を連結させる能力が重要となる。

なぜこのような多様性の意義が主張されるのか。ペイジは「ある人がどれだけ解を向上させられるかは，その人のツールが他のソルバーとどれだけ違っているかによって決まる」とし，知能と個人の貢献を同じものと考えてはいけないと指摘している。つまり多様性が能力に勝るとされ，多様な個人の集団が個人でより能力のある集団より良い出来を示すことになるとしている。

イノベーション活動の強み（経営資源としての人材）とコア技術の強化

人材育成が実現されていないと，コア技術の優位性の低下を招く。人材育成が積極的に行われていると，製品改良や生産活動の効率化のための提案や活用が行われる可能性が大きくなる。

トップが組織変革に積極的な企業は人材育成にも積極的であり，そのような企業では人々の職場間ローテーションも活発に行われており，従業員モラールが高い。このタイプの企業ではトップが示したビジョンの理解度が高いこともわかる。人材育成に前向きな企業は部門間を超えた積極的な人材交流も心掛けている。次に指摘するように，このような人材育成がやがてコア技術の優位性維持・更新につながっていく。

人材育成がコア技術の優位性を維持する

　コア技術の優位性を保つには人材育成が重要であり，組織内での非公式交流も活発に実現されておりその結果組織学習の効果が現れ，製品改良・生産活動の提案・活用が活発に行われており。組織学習の効果がコア技術強化に寄与している。

　例えば，国内活動のためのカタリストの育成に熱心な企業は海外活動のためのカタリスト育成にも積極的に取り組んでいる。国内・海外活動のためのカタリスト育成とともに職場間のローテーションと相関し人材育成に対する積極的な姿勢が現れている。組織変革への抵抗の少ないトップのいる企業では国内・海外活動についていずれのカタリスト育成も積極的に行われており，またこうしたカタリストの育成に積極的な企業では製品開発のための革新的アイデアの提案およびアイデアの活用ともに積極的に行われている。

3．イノベーション戦略のための組織変革：戦略的イノベーション（広義のイノベーション）

　企業にとってコア技術の強化・更新は極めて重要であり，そのためには組織の変革を試みなければならないことを指摘した。そこで，ここでは組織変革について製品イノベーションとの関連でいま少し検討を加えることとしたい。

製品イノベーションと組織変革

　組織変革は企業の価値創造プロセスの活性化のために求められるものである。これを戦略的イノベーションと呼ぶ。それは製品イノベーションと組織変革を包摂する概念にほかならない。

　今日の企業経営の課題としてマネジメントのあり方を作り直す課題に取り組む必要性がある。ハメルらは，まず「人間の想像力を抑圧せずにコストを厳しく管理する方法を学ばなくてはならない」としてマネジメント・イノベーションの必要性を強調している。それは前に指摘した環境要因によって，変化のスピードが加速するに伴い変化のＳ曲線に乗りそこなう企業が増えているから

であるとしている。ここでいうＳ曲線とは特定の技術は研究開発努力によって進化するが、やがて開発努力を続けても成果は上げられず新しい技術（新たなＳ曲線）にとって代わられるようになることを意味している。

　　広義のイノベーション

　マネジメント・イノベーションとは、ハメルによれば「経営管理の仕事を遂行する手法や従来の組織の形を大幅に変え、なおかつそうすることによって組織の目的を推進するあらゆるものをいう」とし、そのことによって組織の業績が高められるとしている。

　このようなマネジメント・イノベーションの考え方は、製品イノベーションを実現するための価値創造プロセス活性化のための戦略的イノベーションを可能にするマネジメント・スタイルの変革ということに相当するものであると考えられる。

　常に多くのトップやミドルは、構築してきたコア技術やそれを生み出すコア・ケイパビリティーはその価値を失うものではないと信じている可能性が高い。変化のスピードが加速するにつれ、このような考え方は錯覚にしか過ぎなくなってしまう。

　なぜならば、コア・ケイパビリティーがその価値を失うものではないとすれば、人々は慣性行動の心理的領域に陥ってしまい、企業の未来のために変化に即応し学習しようという意欲をなくしてしまう状況になってしまう。組織は、いわゆるコア・リジディティーの状態に変異してしまうことになる。こうした状況を回避するためには、マネジメント・イノベーションが必要になる。

組織変革の目的

　組織変革は、マネジメント・イノベーションを実践するための前提条件を整えるためのものであると考えられる。

　　変革の目的

　ハメルらは「残念なことに、機会主義で、継続的で組織の内なる学習・適応能力の賜物である変革はほとんどない」とし、危機とは関係なしに、継続的に

自らを更新できる組織を築くことだと指摘している。

　この指摘は，コア・ケイパビリティー形成のためのダイナミック・プロセスが継続して可能になるような組織を構築することにほかならない。

　言い換えれば，継続して組織学習が実践される組織へ変えることが，組織変革の目的であるといえよう。「学習する組織とは，知識を創造，習得，移転するスキルを有し，既存の行動様式を新しい知識や洞察を反映しながら変革できる組織」であり，このような学習促進のためにマネジメントのあり方が重要とされる。

学習する組織のマネジメントのあり方

　ガービンは学習する組織は，次の5つのマネジメントの特性を備えていなければならないとしている。それらは①システマティックな問題解決，②新しい考え方や方法の実験，③自社の経験や歴史からの学習，④他社のベスト・プラクティスからの学習⑤迅速かつ効果的な知識の移転であるとしている。

　これら5つの学習する組織の特性について，これまでの主張を交えながらガービンの主張を中心に学習する組織のマネジメントのあり方について考えることにしたい。

　①のシステマティックな問題解決とは，科学的方法に基づいて問題の診断を行い，データをもとに推論をするものであるとしている。人々による創造的な発想を促すというよりも，コア・ケイパビリティー形成における基本的な学習プロセスの第一段階に位置づけられる日常的活動の効率化を目指す学習活動に該当するものであるといえよう。したがって，この学習活動では理が重視されることになり，学習の意味の重要性と意義を周知させる問題解決の方法と考えられる。しかし，この方法にのみ執着していると理が優先され論理，あるいは客観的データから外れた判断や行動は排除される危険性は否定できないであろう。この点には注意を必要とするものといえる。

　②の新しい考え方や方法の実験は，ガービンによると実験とは新しい知識をシステマティックに探したり確かめたりすることとしている。これも科学的方法が不可欠とするものであり，①の解決方法を補完するものと考えられている。

③の自社の経験や歴史からの学習は，自社の成功や失敗を振り返り，それらを体系的に評価し，そこから得られた教訓を記録し，社員たちにわかるように整えることとしている。たしかに，この要素は前の二つとは異なり，組織自体の目指す目標達成あるいは目標自体の検討に向けて人々に学習させるという意義をもっている。

　④の他社の経験ベスト・プラクティスからの学習は，問題解決のための創造性の源泉，あるいは触媒になる可能性が大きいという評価のもとでなされるべきであるとしている。

　⑤の迅速かつ効果的な知識の移転は，学習がその場限りで終わらないようにするには，獲得された知識は組織全体にすばやく移転，共有されなければならないとするものである。これは，学習とは組織に散在している知識を新結合するためのものと考えられるので，技術移転は組織知を増幅させる効果を発揮し，イノベーションといった大きな問題解決につながることになるといえる。

　このように，ガービンによって提案されている学習組織のマネジメントの特性を検討すると，組織学習は客観的な問題解決に始まり，学習の習慣を組織に定着させ，やがて組織内に散在する諸々の知識を相互作用させ新たな創造的な解決策を生み出すことにつながっていくと考え組織づくりをしなければならないといえよう。

学習する組織を目指して

　学習する組織は簡単には構築できるものではない。人々の行動様式の変革，つまり企業文化の変革が求められるし，マネジメント・プロセスのあり方の変化つまりマネジメント・イノベーションが重要となろう。この点はすでに指摘したとおりである。

　トップの役割，これは人々に自由な発想が日常からできるように余裕を与えることが重要であることはいうまでもない。加えて組織の境界を取り除き，横断的活動が可能な環境を整備することが肝要となる。

　このような体制を組織に整えることをとおして，学習の場と機会を提供することができるようになる。そして学習の場を活性化するために，ミドルの役割

の確認，人事評価などによるマネジメント・プロセスを実践することが重要となる。かつてミンツバーグが指摘したプロセス戦略と呼ばれる戦略タイプの実践をトップは心掛ける必要があろう。

　プロセス戦略とは計画的に創発的な戦略であり，マネジメント陣は戦略形成のプロセスを統制し，組織構造の設計，人員配置，手続き作成等々に介入し，現実的内容は他の人たちに委ねるタイプを指している。ここで計画的に創発的とは，戦略形成のプロセスはコントロールするも，目標達成のための活動については人々に自由度を与え，学習を促すものであるという意味を表している。その意味でもマネジメント・イノベーションが求められるところである。

　以上のようなマネジメント・イノベーションを実現し組織学習を促進するためには，人々の行動が自己防衛的にならないようにしなければならない。この点はとくに重要な課題であるといえる。

4．適応的学習と創造的学習

　適応的学習とは，環境の変化が緩やかに推移するときに，既存の目標を達成するために人々の行動を適応させることを意味している。このような組織学習は，これまでの延長線上にないような新たな問題解決につながらないことになる。

　企業が環境変化のもと，持続的競争優位を確保するためには組織の価値や目標に疑問をもち，組織が目指す方向と再構築の方法を求める学習を喚起することが必要になる。

個人学習から組織学習へ

　社会システムにおける学習は個人によって遂行される学習プロセスの合計とは等しくないし，これらのプロセスの成果の合計とも等しいものではないが，個人による学習はそのための重要な基盤を形成するものである。したがって，個人学習を組織学習へと導く手段が必要となることになる。そこで重要な役割を担うのがカタリストと呼ばれるようなミドルにほかならない。

組織学習が行われているような組織は極めて企業家的特性をもち，チームワーク，高い目標，実験といった特色をもったものである。常に知識ベースを拡大し活用するという目標をもっており，新しい知識を活用して組織学習を行いイノベーションを実現するためにフィードバック情報を注意深く集め，分析し，解釈して，全社レベルで適応できる組織であると考えられる。

　環境が絶えず変化している状況のもとでは，成熟組織のように0か1の実験の考え方では新たな問題の解決策は発見しえなくなる。やがて組織は，自己防衛的になり，現在の仕事にしか注意を向けなくなってしまうことになる。絶えず新たな解決策を求めて人々がチームベースで情報交換を行い，新しい実験に挑戦していくためには，こうした活動を支援する方策をトップが講じ，ミドルがカタリストとしてコミュニケーター・触媒といった役割を演じる必要がある。

5．組織学習とコンピタンス経営

　人々は組織学習を実現し，組織知のレベルを向上させ，組織能力，コア・コンピタンスを向上させていくことになる。それでは組織学習をどのように定義すればよいのであろうか。

ガービンの指摘する学習組織

　ガービンによれば，学習する組織とは，知識を創造，習得，移転するスキルを有し，既存の行動様式を新しい知識や洞察を反映しながら変革できる組織であるとしている。

　したがって学習には新たな知識の習得が不可欠となり，このことが企業の組織能力を向上させる重要な要因となる。新たな知識は，個人の創造力，他社，社内からもたらされることになる。そのためには仕事のやり方を改めることが必要になる。この点はすでに指摘してきたところである。

　そこで，改めて問題になるのが組織能力である。前の章ではこの点を簡単に述べたにとどまっている。ここではウルリッツらが述べているように，組織能力とは「人材と各種の経営資源を組み合わせながら業務を遂行する方法そのも

のである」と簡単に表現できる。しかし，能力という言葉は指摘のようにアビ
リティー，コンピタンス，ケイパビリティーといった具合に多様に表現されて
いる。

　ウルリッツらによると，次のように指摘されている。技術・技能的能力は，
コンピテンシーやコア・コンピタンスということが多い。人間関係的な能力に
関しては個人のアビリティーあるいは組織のケイパビリティーということが多
い。こうした点に着目して企業におけるさまざまな能力の存在とその関係が能
力マトリックスという形をとって示されているのが図表 13 である。

図表 13　能力マトリックス

	Individual 個人	Organizational 組織
Technical 技術・技能面	① 個人の 職務能力	③ 組織の コア・コンピタンス
Social 人間関係面	② 個人の リーダーシップ能力	④ 組織の ケイパビリティー

（デイビッド・ウルリッツ，ノーム・スモールウッド著「組織能力の評価方法」，DAIAMOND ハーバー
ド・ビジネス・レビュー『組織能力の経営論』2007 年，Dave Ulrich and Norm Smallwood, Capitalizing
on Capabilities, *Harvard Business Review*, June 2004 ）

　図表は以下の点を示している。①の象限は，個人の職務上の能力（例えば，
マーケティング，財務，製造などの技能）を表している。②の象限は，ある人
のリ ダ シップ能力，部下の動機づけ能力などを示している。③の象限は，
組織の技術面におけるコア・コンピタンスである。④の象限は企業組織の企業
文化，個性を示し，イノベーション力やスピードなどを意味している。この能

力が組織能力とされる。

組織学習と組織能力

以上の組織能力の定義から次のようにイノベーションの実現につながるコンピタンスに基づく企業経営とは，図表 14 に示したモデルとして示すことができよう。図に示されているように，学習する組織を作り，コンピタンスを構築・更新しうる能力が組織能力である（図中に矢印で示した空間）。この図に描かれているモデル実現の牽引車がトップであり，後述するようにミドルが学習の触媒としての機能を担うことにほかならない。

図表 14　組織学習と組織能力

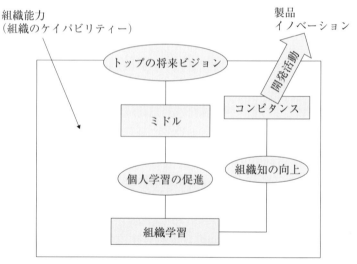

十川廣國著『マネジメント・イノベーション』中央経済社，2009 年

このような経営モデルを実現するためには，学習する組織の定義から推測できるように人と人との間に信頼関係が成立していなければならないであろう。さもなければ，人々は創造力も発揮しないし，他人から新たな知識を習得しようとしなくなるであろう。この点の重要要因は，図表 13 で示されている①と

②の象限の要因にほかならない。個人の職務能力を向上・活用するために個人のリーダーシップが重要となる。

　図表 14 に示されているように，トップのリーダーシップによる将来ビジョンの共有化を図ること，そして人々がコラボレーションを進んで実践できるように組織における円滑な社会的関係を取り結ぶことが求められよう。蓄積されてきた技術的能力を人々が，活用・改善・開発するために組織総体として学習することによって組織知レベルの向上を図り，コンピタンスを活用することが必要であり，すでに述べ図示してあるように，このプロセスを実現するものこそが組織能力にほかならない。そのためには組織を構成する人々の信頼関係が重要となる。それが個人の能力の向上とコラボレーションを実現することにつながるからである。

6．まとめ

　第 5 章で検討したようにガバナンス問題がいうまでもなく企業経営に大きな影響を与えていることは指摘したとおりである。過去試みた調査によれば，従業員，顧客・ユーザー，供給業者への企業側の配慮の高さは重要な意味をもっている。とくにこれらへの企業の配慮の姿勢はとりわけ従業員の挑戦意欲や従業員の内発的動機づけと有意な相関が示されており，ガバナンスの課題に向かう企業の姿勢が企業経営に影響を与えていることがわかる。

　このような姿勢が価値創造プロセスの主役である従業員の活性化につながり，そのことが製品イノベーション活動を活発化することになり，製品イノベーションを実践するためには，企業のマネジメントの考え方を改めることが求められるであろう。つまり，組織変革が重要となり，本章で述べたようにマネジメント・イノベーションの実践が不可欠となる。同質性を重視してきたマネジメントの問題についての検討を試み人々の創造性発揮を促し，顧客価値を取り入れたイノベーションの実践を試みるような戦略行動にシフトすることがより強く求められるようになっていると考えられる。

第 7 章

経済の再活性化と中小企業経営

　これまで主として大企業の再活性化に向けて組織プロセスの見直しを行うことの重要性について述べてきた。企業の競争優位を構築することは容易なことではない。トップ自ら経営姿勢を変革し組織プロセスを根本的に見直す試みがなされねばならないことが重要である。

　規模の大小を問わず中小企業の活性化についても同様のことが言えるであろう。

　そこでこの章ではまず規模の拡大，技術・ニーズの変化とともに，中小企業経営ではどのような問題に直面していくのかについて考え，起業による課題，既存中小企業の変革の問題について少し検討を加えることにしたい。

1. 組織のライフサイクル（企業の成長段階）と生産性・創造性

　次の図表15は組織のライフサイクルと創造性・生産性の関係を示したものである。まずこの図表を利用しつつ中小企業経営の課題について提起をしていきたい。

起業その効果と課題

　図表の矢印①は企業のスタートアップの段階で，創業者個人の創造的アイデアによって成長を遂げるプロセスを示している。しかし，この段階がベンチャーにとっては重要な時期でもある。

ベンチャー

　ベンチャーの定義とは高い志と成功意欲の強いアントレプレナー（起業家：entrepreneur）を中心とした，新規事業への挑戦を行う中小企業を意味し，トップの資質としては達成意欲，創造力，洞察力，決断力が求められるとされ

図表 15　組織のライフサイクルと創造性生産性

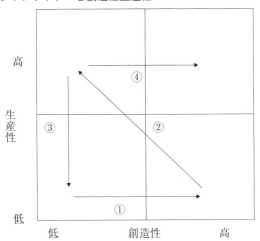

Paul A. Schuman, Jr., Creativity and Innovation in Large Organizations,in *Generating Creativity and Innovation in Large Bureaucracies* edited by R.L.Kuhn,Quorun Books,1993

ている。起業家精神とはティモンズによれば実際に何も見えないところから価値を創造するものであり，それは本質的に人間の創造的プロセスであり，単に外部から観察・分析し，報告書を作成することではなく，人的エネルギーを結集し，事業を創造し，組織を作り上げる作業であるとされている（ジェフリーA・ティモンズ著，千本倖生ほか訳『ベンチャー創造の理論と戦略』ダイヤモンド社，1997 年）。さらに起業機会は魅力，永続性，タイミングという要件を満たし，新たな価値の創造あるいは付加価値を提供する製品やサービスを伴うものであると指摘している。

起業家と起業機会

　これらの要件を満たすには，起業機会の入り口が起業家にとって十分に開かれている必要がある。さらにマーケットの特性を的確に捉えた参入方法を採用し，経営チームにそれを実行できる能力があって，初めてベンチャー企業が競争優位を達成できる洞察力・決断力が求められる。このように起業にはリスクを伴う。

企業の成熟化

　やがてこの起業家的な成長段階を経て組織は順調に規模を拡大し，そのためより高い生産性を追求するべく合理的な管理方法が採用されるようになる。注意しなければならないのは生産性を重視するあまり，次第に創造性が軽視され，起業家的発想を喪失していくことになるという傾向である。つまり官僚制が一般化し，組織は成熟段階に達する（これを示したのが矢印②である）という点である。

　現在，この段階に多くの企業が達しているといってよい。この点から脱却できないと，③の衰退パスを歩むことになる。④へのパスで再活性化を目指すことが重要な課題となる。生産性と創造性は補完関係にあることの認識が必要となる。生産性改善を促進するには当然ながら創造的アイデアが求められる。創造性がなければ生産性の向上はないといってよい。

スタートアップから成熟段階へ

　スタートアップ段階にあるベンチャー企業は①の段階に位置し，この段階で創造的活動が成功しなければ次段階である②の段階に成長することはできない。②の段階ではビジネスの規模が拡大しているのでとりわけ生産性の向上が求められる。しかし生産性の向上に腐心していると創造性が次第に軽視され，そのため新たな競争環境の変化に対処できなくなってしまうことになる。この点での転換をいかにするのかが中小企業成長の重要課題となる。

　起業は経済の活性化にとって重要な意味をもっている。経済の新陳代謝と新規企業の高い成長力が期待されるからである。新しい技術や製品等を携えて市場に参入する起業家は，急速に成長して既存の経済秩序を一変させ，経済成長のエンジンとなる可能性を秘めているからである。

　企業の参入・撤退は，絶え間なく続くが，とくに市場に新規企業が参入する際には，新技術・新生産方式の導入や新商品・新サービスの開発といったイノベーションが市場にもたらされることが考えられる。2010 年 12 月に中小企業庁が帝国データバンクに委託して実施した「起業に関する実態調査」（以下「起業実態調査」という）によると，多くの新規企業が，経営上の工夫（新技

術の導入，新生産方式の導入，新商品・新サービスの開発）をしたうえで起業
しており，こうした企業が，イノベーションを市場にもたらしていることがう
かがわれる（中小企業庁『中小企業白書』2009 年版）。

　しかしこの点は事実であるが，既存の中小企業の中にも技術的アイデアをビ
ジネスの確立につなげているケースが存在している。そのなかで実際に我々が
インタビュー調査を行った事例を中心に紹介することとしたい。

２．創造型中小企業のケース：発想と高い技術力で成長する企業

　ここでは創造型中小企業２社のケースを紹介し中小企業の成長戦略の特徴を
見てみることとした。以下の２社のケースは現地に赴きヒアリングならびに工
場見学を試みた記録によるものである。

トップのアイデアと強いリーダーシップによる技術開発
：ハードロック工業のケース（伝統技術と現代製造技術の新結合：
1974 年東大阪市に設立）

　トップの強い牽引力による独自の技術の開発・展開をとおして新境地を開い
た企業がある。当社の製品はいわゆるハイテクと呼ばれる製品に相当するもの
ではなく，ありふれたボルトとナットである。しかしその製品には誰も気がつ
かなかった技術的アイデアが秘められている。当社は東大阪市に昭和 49 年に
創業したハードロック工業である。ハードロックナットは鉄道・高速道路・橋
梁・建築・土木・鉄塔・車両・輸送機器・造船・原子力発電所・ダム施設・製
鉄機械・プレス機械・クラッシャーなど主要産業の生産設備・その他幅広く社
会の安全を支えている。

　ハードロックベアリングナットは作動ギアー・工作機械・主軸のベアリング
止め・駆動部ベアリング止め・溶接ロボット・インデックス・コンクリートポ
ンプ車・減速機・変速機・汎用ポンプ・クラッチブレーキ・大型ダンプ・
フォークリフト・バランサー・高所作業車・ピストンポンプ・リフター・粉砕

機・遊戯機器・その他幅広く使用されている。 このような製品の技術的アイデアは次のようにして生まれた。

1. トップが散歩中神社の鳥居を見て，古代木造建築に使われているクサビの原理をナットに導入できないかと考えた。

図表16

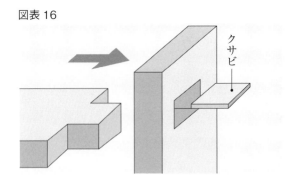

2. ナットとボルトの一部にキー溝を設けクサビを打ち込むと非常に高い緩み止め効果を発揮するが，この状態では作業などに問題が出る。

3. クサビをナットのネジで押し込む。

図表17

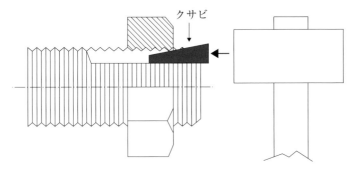

図表18

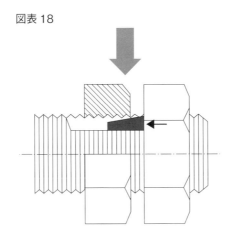

　以上のように，ハードロック工業の製品イノベーションは伝統技術のアイデアと現代製造技術の新結合によって生まれたものである。

伝統的な産業から脱却しハイテク企業へ：清川メッキ工業のケース（1963年福井市に設立）

　小型化する電子部品の接合は，ナノ制御された接合技術が求められている。このナノオーダーの接合に挑戦しているメッキ業者が福井県にある。清川メッキ工業は「めっき屋は技術が命」の考えで，0.7マイクロメートル粉体へのメッキ，超撥水メッキ，無電解ニッケルメッキにおける鉛フリーの確立など，最先端の技術開発に取り組んできた。

　メッキを本業とする中小企業の環境問題への取り組みを基盤として実現されたイノベーションによる新たなビジネス領域開発のケースである。図表19にはケースが一目でわかる当該企業の環境経営への取り組みに始まるイノベーションの経過が示されている。メッキ業界はその事業の特殊性から廃液の処理の問題に象徴されるように，環境問題に影響を与える業種である。

　しかし近年小型化する電子部品の接合は，ナノ制御された接合技術が求められるようになっている。まさに新たな市場の台頭である。このナノオーダーの

接合に挑戦しているメッキ業者が福井県にある清川メッキ工業である。

　清川メッキ工業は前述のように，「めっき屋は技術が命」の考えで，0.7 マイクロメートル粉体へのメッキ，超撥水メッキ，無電解ニッケルメッキにおける鉛フリーの確立など，最先端の技術開発に取り組んできた。この技術革新への取り組みに伝統的なめっき屋からハイテク企業への脱皮を実現した。

　同社は 1994 年に ISO9001，97 年 14001 を独自の学習によって取得した。環境にやさしい経営の努力を行いながら，その活動で得られた経験と知識を活用して顧客ニーズから経営を行うよりも個別のシーズを提供するという技術駆動型の方向を目指すようになった。とくにナノテクノロジーの開発に注力し，この分野で多くの IT 関連の大企業から受注するようになっている。

　いわゆる従来のメッキ業態とは異なる環境負荷の低いハイテク企業として新たなビジネス領域を開拓してきている。図表 19 にも示されているように，積極的に環境経営についてのビジョンの共有化に努め，その後環境技術などのパテント化も行い，この点でも新たなビジネス領域を切り開こうとしている。

　このケースでは，大企業と異なりビジョンの共有化は比較的容易であったとは考えられるが，環境経営のオープン化やメッキ技術についての従業員による国家資格取得の奨励などをとおしてビジョンの共有化・モティベーションの高揚を図ることによって，組織学習を促すという方法がとられていた。

　とりわけトップによる企業文化の変革をとおして環境経営から新ビジネス領域の開拓に成功した。そのプロセスでマネジメントの業務処理レベルのシステム化を実践することによって効率化にも成功している。

図表 19　清川メッキ工業のイノベーション

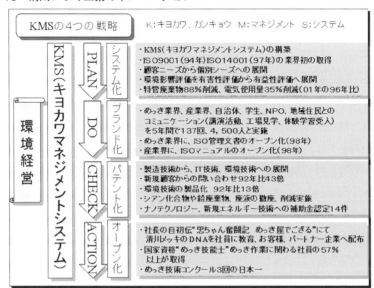

十川廣國著『マネジメント・イノベーション』中央経済社，2009 年

　この企業の変革はいわば技術の不連続な分野へのイノベーションを目指した
ものである。技術的に不連続かつ従来型のメッキ業からの脱却というハードル
を乗り越えるためにはイノベーションへの従業員の共鳴・共創を実現するため
に変革を段階的に試み，企業文化を徐々に変化させることによって人々の発想
の転換に成功しイノベーションの実現につながっていったと考えられる。
　これまで紹介した 2 社のケースはいずれもトップ主導で変革に取り組み変革
を遂げたケースであった。次に紹介するケースはいわばベンチャー型の企業で
あると考えられる 2 社である。

ベンチャー型の企業（2012 年の『中小企業白書』第 3 部参照）

－ベンチャー型企業の経営－

ここで取り上げる 2 社は，創業当初からユニークな技術を要する製品の生

産・販売に取り組んできた企業である。その意味では典型的なベンチャー型の企業である。しかし残念ながらそのうちの一社アジア技研は後に成長期のリスクに直面している。設備投資の資金回収につまづいている。

スタッド溶接システムの開発で成長

福岡県北九州市のアジア技研（平成6年設立，従業員25名，当時資本金3,000万円）は，スタッド溶接システム，工業用ファスナー等の製造・販売を行う企業である。

スタッド溶接とは，金属板にネジ等（スタッド）を，穴を開けずに溶接する技術で，自動販売機，住宅アルミ外壁，船内艤装，電子機器筐体等幅広い分野で使われている。スタッド溶接機，溶接ロボット等を自社で一貫して製造・販売することが同社の強みであり，また，研究開発では，取扱いが難しいマグネシウム合金のスタッド溶接技術を確立し，「第2回ものづくり日本大賞優秀賞」を受賞し，「北九州オンリーワン企業」にも認定されている。

航空宇宙産業で存在感を発揮する企業

神奈川県横浜市の山之内製作所（昭和40年設立，従業員77名，資本金3,200万円）は，航空機部品や人工衛星のエンジン部品等の宇宙機器部品を開発・製造する企業である。

創業当初より，切削による精密加工を行っており，他社が断るような難度の高い製品の加工を積極的に引き受け，その要求に応えるために，高性能工作機を導入し，技術力を高めてきた。

同社では溶接技術を一切使わず，切削のみの加工を行うことで，継ぎ目のない複雑形状部品の超精密加工を実現しており，「熱に強いどんな難削材でも高精度に削る」との定評がある。

大規模受注・少量生産，長いリードタイムという性格を持つ航空宇宙産業界では，常に，高い品質管理・保証が要求される。同社では，航空宇宙産業における品質マネジメントの国際規格であるJIS9100に加え，航空宇宙産業界の特殊工程に関する世界唯一の統一認証プログラムであるNadcap3認証を取得体

制は，参入障壁が高い航空宇宙産業界においても高く評価されており，国内大
手重工メーカーから受注を獲得している。

４社のケースに見られる中小企業の成長戦略の特徴

ハードロック工業と清川メッキ工業のケース―トップ発想の転換と牽引力

ハードロック工業と清川メッキ工業はケースで見られる既存技術とナノ技術
の違いはあるものの成長戦略の契機とその展開は台頭する新市場のニーズに対
応した成長戦略をとった企業である。いずれもトップ主導のプロセスをとおし
て実践されている。両社はトップ主導とはいえ，成長戦略を実現するプロセス
は異なっている。

とくにハードロック工業ではトップの製品改良の発案と事業転換のための強
いリーダーシップによって牽引されてきている。戦略転換の起爆剤になった改
良技術の発案はトップ自らによってなされ，それがインクレメンタルなイノ
ベーションの実現につながったといってよい。

一方清川メッキ工業のケースはメッキという特殊性から廃液という環境問題
を抱える業態である。トップがこうした事業の特性から生じる環境問題に取り
組むという点からイノベーション活動が始まった。独自の学習によって 1994
年に ISO9001 続いて 1997 年に ISO14001 を取得した。

環境にやさしい経営への努力を行いながら，その活動で得られた経験と知識
を活用して顧客ニーズから経営を行うよりも個別のシーズを提供するという技
術駆動型の方向を目指すようになった。そこで生まれた技術はナノメッキの最
新技術であった。このイノベーションによって電子関連の企業の顧客開拓に成
功した。

積極的に環境経営についてのビジョンの共有化に努め企業文化を変革し，そ
の後環境技術などのパテント化も行い，この点でも新たなビジネス領域を切り
開こうとした。このため従業員全体が発想の転換を行うという企業文化の転換
にもトップは注力した。

イノベーションの実現に成功した2社のケースからトップの発想の転換・果敢な挑戦が創造型中小企業への転身に大きく寄与していた。後者のケースではローテクからハイテクへの不連続的な技術的転換であり，その手段として環境経営の学習・実践をとおして従業員全体の発想の転換を，つまり企業文化の変革を実現してイノベーションに挑戦していた。

ベンチャー経営：「ハイテク加工技術」の開発に注力

　アジア技研株式会社は，当初からハイテク技術にフォーカスを当ててきた研究開発主導型の典型的なベンチャーにほかならない。しかし，残念ながら成長後期に工場の新設を行い，その資金回収が進まず経営が困難に陥っている。ベンチャーでは成長期にこのようなリスクに見舞われることが多い。経営トップの判断が特に重要になる。

　山之内製作所は，航空機部品や人工衛星のエンジン部品等の宇宙機器部品を開発・製造する企業であるが，創業当初より，切削による精密加工を行っており，他社が断るような難度の高い製品の加工を積極的に引き受け，その要求に応えるために，高性能工作機を導入し，技術力を高めてきたベンチャー企業である。こうした同社の製造技術蓄積に向けた地道な努力が加工技術の向上をもたらし航空機部品業界で高い地位を構築してきた。

3．創造型中小企業のケースから得られる知見

　以上簡単に4社の中小企業のケースを見てきたがいずれのケースも中小企業ならではの特性を反映したものである。こうした指摘の根拠は次の理由にある。これら企業のケースからわかるように，変革のプロセスが異なるものの，いずれの企業においてもトップの強力なリーダーシップによって牽引されたイノベーションである。

　4社の創造型中小企業の経営の特徴を見てきたが，いずれも製品技術，製造技術の高度化によって飛躍を実現してきた企業である。先にもふれたようにハードロック工業は高度なハイテク技術を用いて競争力を構築したのではなく

創業経営者のアイデアが緩まないボルト・ナットの製品化に結実したケースである。経営者の起業家的発想が大いに貢献したケースである。

社長のアイデアの提案・実行

このケースで重要なことは人が思いつかない視点から社長自らアイデアを提案し実行したものであるという点である。それだけに社長への強い権限の集中が行われているという印象をインタビュー調査でも確認できた。

他の3社はいずれも手段と成長の経緯は異なるもののハイテク製品技術・製造技術の高度化技術の開発努力をし，成長してきた企業である。いずれの企業も経営者の先見性・洞察力が重要な役割を果たしてきたといえる。企業は技術主導型であるが，とくにここでの注目企業は伝統的な環境汚染型でローテク産業であったメッキ産業からの脱皮をという発想から近代化・ハイテク化の道を開いてきた清川メッキ工業のケースにローテク企業の活性化・近代化へのヒントがあるものと考えられる。

このケースではしかも当社の環境経営・ハイテク化のプロセスはトップのリーダーシップで進められたが，従業員の人たちと情報の共有化をはかり近代化・ハイテク化に取り組み全員が文化を共有するという方法で実践された。この点が注目点である。

環境にやさしい経営の努力を行いながら，その活動で得られた経験と知識を活用して顧客ニーズから経営を行うよりも個別のシーズを提供するという技術駆動型の方向を目指すようになった。とくにナノテクノロジーの開発に注力し，この分野で多くのIT関連の大企業から受注するようになっている。

いわゆる従来のメッキ業態とは異なる環境負荷の低いハイテク企業として新たなビジネス領域を開拓してきている。積極的に環境経営についてのビジョンの共有化に努め，その後環境技術などのパテント化も行い，この点でも新たなビジネス領域を切り開こうとしている。

とりわけトップによる企業文化の変革をとおして環境経営から新ビジネス領域の開拓に成功した。そのプロセスでマネジメントの業務処理レベルのシステム化を実践することによって効率化にも成功している。

4．まとめ

　この章では創造型中小企業のケースを紹介し若干のコメントを加えた。いずれも組織の図表 15 に示したライフサイクルの②の後期段階にあると位置づけられる企業である。この段階で市場動向を見極めず経営を行っていたら，とくに前 2 社は新たな成長パスには移行できず，停滞パスにとどまっていたであろうというリスクは大きい。また，ベンチャー企業の一社であるアジア技研は，ライフサイクルの④の段階で判断を誤り 2015 年に経営が頓挫した。成長期に入ったベンチャー型企業にしばしば見られるケースとなった。

　洞察による市場のニーズの発見，そのニーズに見合った製品開発のための技術開発の体制を整え創造性と生産性を両立させる努力が必要になる。

第 8 章

未来を求めて：
新たなマネジメントのあり方

　大企業，中小企業を問わず，とくに日本企業に求められるのは創造性を重視したマネジメントにほかならない。もちろん当該企業が置かれている現状如何によって創造性発揮による変革の方向が異なるであろう。次のように指摘されている。財務の健全性が低く競争優位も低い地位にあるという企業にとってはコスト効率の改善のための生産性向上を目指した創造性の発揮が重要となり，一方財務の健全性が高く競争優位が高い状況にある強力な企業のケースは強みの維持拡大につながるケイパビリティーへの創造性発揮と投資を強化することが第一となる。

1．求められるマネジメント・スタイルの変革

　図表 20 は 17 年現在の景況感を参考までに示したものである。図表のように景況感はたしかに改善されつつあることは事実である。しかしこのような景況感が持続的なものとなるかは企業が実践するイノベーションの実現如何によるものといえる。そのためにはマネジメントのあり方を基本的な視点から検討しなければならないであろう。

求められるイノベーション

　企業が継続して高成長，安定成長を遂げるためには創造性と生産性が両立できるようなマネジメントの確立が必要となる。そのためにはカタリストと呼ばれる人材の育成が急務といえる。

カタリストの育成

　カタリストは企業内外を問わず異なった技術・知識・情報を交配し，学習を促進するための触媒としての役割を担う人材である。このような視点から本書

の総括として改めて日本企業が歩むべき方向性について述べ，結びの章とした
い。

　最近の日銀短観で示されていたように，大企業では景況感は 11 年ぶりに高
水準を示し，また中小企業においても 26 年ぶりの高い水準の景況感を示し
た。日本経済新聞によれば，これにはとくに大企業では生産用機械，IT や建
設関連向けの設備投資が好調であったところに大きな要因があると指摘されて
いる。

　中小企業ではとくによくなっている業種は「汎用機械」「生産用機械」「電気
機械」である。先進国，新興国が足並みをそろえて景気回復に向かうなか，自
動車や IT（情報技術），建設関連の輸出が回復している。

図表 20

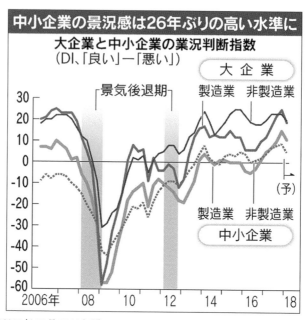

（日本経済新聞 2017 年 12 月 15 日夕刊）

二つのマネジメント・スタイル

　若干伝統的な見方との批判は免れないが，企業にとって従来からマネジメント・スタイルには二つのタイプが存在していると考えてよい。そのため議論の出発点としてはマネジメントのあり方について以下の分類がよいといえる。ひとつは組織を機械的なものと見なし組織運営を厳格にコントロールする揺らぎのないマネジメントのあり方を指す。一方対極にあるマネジメント・スタイルとは有機体として組織を見なす見方である。

組織を機械的と見なすマネジメント・スタイル

　組織を官僚的あるいは機械的な存在として見なし，組織が生産性やコストの優位性だけを強調して運営され，そのため組織運営にあたってはコントロールの要因だけがより重視される特徴をもつマネジメント・スタイルである。

　先に生産性と創造性の関係についてふれたように生産性に過度なウエイトがかけられてしまうと，組織のバランスが失われることになり組織内に創造的な発想が芽生えなくなってしまう。

　極端なケースは，例えばリストラクチュアリングが目指す効率至上主義などに組織が陥ってしまうことになる恐れがある。その結果企業は生産性重視から創造性軽視へというルートを辿り，やがては新たなアイデアが生まれないという悪循環にはまり込み，組織はこの悪循環から転換できなくなってしまう結果衰退の道を辿ってしまうことになるだろう。

製品イノベーション実践のための組織のあり方

　狭義のイノベーションである製品イノベーションといった目標に重点を置いた戦略を実践するためにはまず機械的な組織のマネジメント・スタイルへの偏重から脱却する組織変革を試みることが必要となる。計画とコントロールを重視する企業文化あるいはマネジメント・スタイルのもとでは人々の創造的アイデアが創出される可能性は極めて低いからである。このため伝統的な組織のあり方とは異なった組織のあり方を実現することが重要な課題となる。

　雨傘のように示されたトップ・マネジメントの方針の枠内で異部門の交流・

異質の交流が実現され，人々が創造的活動を行うことができるような組織運営のあり方や人事評価などの制度改革が必要とされよう。

　例えば厳格なデータ重視の分析的な戦略形成のプロセスをとれば，リスク回避の行動が企業の常となってしまうし，そのようなプロセスを経て形成される戦略は，組織の上層部から与えられた計画に基づいて実行されるという考え方を生み，コントロール優先のマネジメント・スタイルが定着し組織内で生まれる新たな発想を封じ込めてしまう可能性をもたらす危険がある。

組織を有機体と見なすマネジメント・スタイル―雨傘戦略の実践

　ミンツバーグが指摘する雨傘戦略と呼ばれる戦略タイプをとることによって，トップは幅広いガイドラインを示し，ミドルがカタリストとしての役割を担い異種交配の促進に努め，製品開発などの具体的活動については組織の下部に権限を委譲し，発案や活動のプロセスを重視し組織学習を促し組織のなかから創造的なアイデアが生まれるマネジメント・スタイルが定着しなければならない。

　このようなマネジメント・スタイルのもとで，戦略商品の開発に向けたイノベーション活動が組織の多くの部署で行われるようにならなければならない。さまざまな技術やノウハウ，情報が組み合わされた製品の開発を行う必要がある。そのためには，組織内にできる限り部門の壁が存在しないことが望ましい。

　部門の壁が大きいと，それが障害になって異部門の技術やノウハウ，情報などの交流が不可能となり，複合的な技術を用いた製品や新市場の開発が阻害される可能性が大きくなるからである。

戦略経営の概念モデル

　雨傘のように示されたトップ・マネジメントの方針の枠内でカタリストのような人材が下地を作り異部門の交流・異質の交流が実現され，個人が創造的活動を行うことができるような人事評価などの制度改革が必要とされよう。かつてグラフティの指摘のようにバートレット，ゴシャールの主張である「枠組みの中の自由」といった状況が作り上げられることが重要である。

図表 21　戦略経営の概念モデル

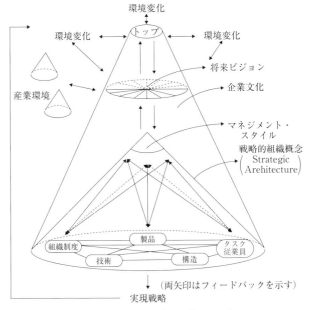

環境変化

環境変化　トップ　環境変化

将来ビジョン

企業文化

産業環境

マネジメント・
スタイル
戦略的組織概念
(Strategic
Arehitecture)

組織制度　製品　タスク
従業員
技術　構造

（両矢印はフィードバックを示す）
実現戦略

十川廣國著『企業の再活性化とイノベーション』中央経済社，1997 年

　図表 21 は簡略化した戦略経営の概念モデルを示したものである。企業の再
活性化を実現し，新しい戦略経営が可能となる概念モデルを示したものであ
る。

　企業の再活性化を実現し，新しい戦略経営が可能となる概念モデルを示した
ものである。円錐形で図示した内容がそのモデルであり，まずトップ・マネジ
メントから，内側に示された円錐形に至る過程は，トップ・マネジメントが環
境変化を洞察し，それに基づいて将来ビジョンを構想し，雨傘のように組織に
それを理解・浸透させ，創造的なプロセスを実現するために必要なマネジメン
ト・スタイルを作ることを示している。

　図のなかの矢印が双方向に描かれているのは，情報やアイデアのフィード
バックを表している。このようなマネジメント・スタイル（なかの円錐形で示

125

した箇所）のもとで，組織内での技術やノウハウ，情報などの資源や能力の組み合わせが，組織制度に支えられて実現し，それが戦略商品や市場の開発につながる実現戦略となって現れる。

そしてこの図は，その成果を受けてさらに次の同様のプロセスが再び始まるということを示しており，大きな円錐形で示された企業文化が活性化し，好循環をもたらすプロセスを示している。なお，大きな円錐形の外側に描いてある小さな円錐は競争企業の存在を示している。

このようなマネジメント・スタイルのもとで，技術やノウハウ，情報などの資源や能力の組み合わせが実現し，商品や市場の開発につながる。

マネジメントのやり方を作り直す―マネジメント・イノベーションの必要性

ハメルらは，今日の企業経営の課題として経営管理を作り直す課題に取り組む必要性を主張している。まず「人間の想像力を抑圧せずにコストを厳しく管理する方法を学ばなくてはならない」としてマネジメント・イノベーションの必要性を強調している。それは技術や市場ニーズといった環境要因の変化によって，変化のスピードが加速するに伴い，変化のS曲線に乗りそこなう企業が増えているからであるとしている。

このように考えると，客観的な問題解決に始まり，学習の習慣を組織に定着させ，やがて組織内外に散在する諸々の知識を相互作用させ新たな創造的な解決策を生み出すことにつながっていくと考え，組織づくりをしなければならないといえよう。

この点を実践的な視点からヴィネイ・クートらが「成長への企業変革」をケイパビリティーに基づくコスト削減と経営資源の最適化問題として取り上げている主張は注目されるところである。「人間の想像力を抑圧せずにコストを厳しく管理する方法を学ばなくてはならない」とするハメルらの主張とケイパビリティー論の視点で通じるところがある。

ヴィネイ・クートらの主張の特徴を簡単に紹介すると，企業が置かれている変革への出発点が企業によって異なっていることを承知していることが重要で

あるとされる。この点を示す図表 22 を参照されたい。

　この図表はヴィネイ・クートらの長年の調査によって得られたものであり，どの最適化の経路を選択・決定するのかはリーダーの役割であり重要な意思決定である。先に示した戦略経営の概念モデルの円錐形に至る過程では，ひとつの成長型モデルとしてトップ・マネジメントが環境変化を洞察し，それに基づいて将来ビジョンを構想し，雨傘のように組織にそれを理解・浸透させ，創造的なプロセスを実現するためにマネジメント・スタイルを作ることを示している。

　図表 22 で示されているのは基本的には前出のモデルと同じと考えてよい。しかしそれぞれ企業の置かれている変革への出発点の相違によって変革のパターンが異なることを強調して示したものである。

図表 22　必要な出発点になる「成長のための最適化」経路

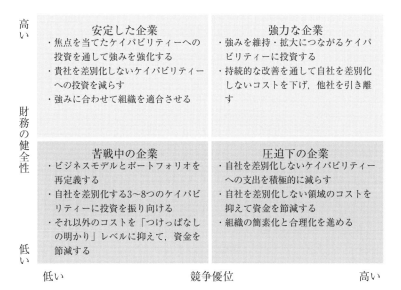

ヴィネイ・クート，ジョン・プランスキー，デニス・キャグラー著，井上貴之・堤俊也訳『成長への企業変革』ダイヤモンド社，2017 年

現状が安定した企業のケース

例えば，財務の健全性が高いが競争優位は低い地位にあるという現状が安定した企業のケースでは，主要なケイパビリティーへの投資の強化によって成長を図り，強みに合わせて組織を変革する方法が重要とされる。また財務の健全性が高く競争優位が高い状況にある強力な企業のケースは強みの維持拡大につながるケイパビリティーへの投資を強化する。このケースでは異質の交配が重要な要素になり，ケイパビリティーの拡大が目標とされることになる。

一方財務の健全性が低く競争優位も低い苦戦中のケースではビジネスのポートフォリオを再定義するなどの方向が選択される。また財務の健全性は低いが競争優位が高い企業では財務的に厳しいためケイパビリティーへの投資を減らす必要があるとしている。ここではケイパビリティーの積極的な強化ではなくコスト削減が苦境を乗り越えるための手段とされる。

人材問題

以上のように置かれた状況によって企業は変革・再活性化が検討されなければならないのであるが，そのためには人的資源の問題にどのように取り組めばよいのかの重要な問題がある。

企業の再活性化・変革を求めて行動するにしても当然人材という資源が求められることはいうまでもない。すでに指摘しているように，今日ではケイパビリティーの向上のためには組織構成員として個人が自ら学習し能力を向上させ発揮することが求められる。とくに日本企業では企業にとって固有，かつ企業人として行動できるタイプの人材の育成を中心に考え教育を行ってきた。

異質・異能の交配

しかし今日では技術的なイノベーションの進展，グローバル化によって求められる人的能力が異質・異能の交流による創造的学習の実現を通したアイデア・技術の開発の実践が求められるようになってきている。そのためには同時に企業内外の情報を収集し異質・異能の人材を連携させるカタリストと呼ばれる人材を育成することが重要課題となっている。このため従来とは異なった能力を涵養するようなスキルアップのための再教育も課題となっている。

　日本経済新聞によるとランスタッドの調査について気になる紹介記事が掲載
された。まずはこの調査の概要から概観することにしたい。この調査は 2017
年 7 月から 8 月にかけて行われ 1 万 3 千人を対象に行われたものである。

　「日本の労働者のスキルアップが必要と回答した割合は 8 割を超え，世界平
均の 7 割より高い。また日本では男女の格差が大きい。勤務先から支援を受け
ていない割合は男性が 53.6% なのに対して女性は 65.9% に上った。回答の男
女差は世界平均では 4.4 ポイントだが日本では 12.3 ポイントだった」と。（日
本経済新聞 2018 年 1 月 10 日）

　この調査結果から日本企業は重大な課題を抱えているといえよう。IoT 関連
の技術者育成などのスキルアップのための教育が記事によれば徐々に行われつ
つあるとされているが，加えてグローバル化に対応できる国際的な人材の育成
も急務と考えられる。

2．マネジメント・イノベーションの実践

　学習する組織は簡単には構築できるものではない。人々の行動様式の変革，
つまり企業文化の変革が求められる。そのうえでマネジメント・プロセスのあ
り方を変革し，マネジメント・イノベーションを実践することが重要となる。
そのためには組織変革が実行されなければならない。

組織変革

　組織変革は企業の価値創造プロセスの活性化のために求められるものであ
り，これを戦略的イノベーションとも呼んだ。それは製品イノベーションを促
進する組織を作り上げることにほかならない。

　ハメルらが指摘したように，今日の企業経営の課題として経営管理を作り直
す課題に取り組む必要性を主張している。まず「人間の想像力を抑圧せずにコ
ストを厳しく管理する方法を学ばなくてはならない」としてマネジメント・イ
ノベーションの必要性を強調している。それは環境要因の変化のスピードが加

速するに伴い変化のＳ曲線に乗りそこなう企業が増えているからである。

　マネジメント・イノベーションとは，レオナルド・バートンによれば「経営管理の仕事を遂行する手法や従来の組織の形を大幅に変え，なおかつそうすることによって組織の目的を推進するあらゆるものをいう」とし，そのことによって組織の業績が高められるとしている。

　このようなマネジメント・イノベーションの考え方は，製品イノベーションを実現するための価値創造プロセス活性化のためのイノベーションを可能にするマネジメント・スタイルの変革ということに相当するものであると考えられる。

　しかし，常に多くのトップやミドルは，構築してきたコア技術やそれを生み出すコア・ケイパビリティーは，その価値を失うものではないと信じている可能性が高い。変化のスピードが加速するにつれ，このような考え方は錯覚にしか過ぎなくなってしまう。なぜならば，それでは人々は慣性行動の心理的領域に陥ってしまい，企業の未来のために変化に即応し学習しようという意欲をなくしてしまう状況になってしまう恐れがある。組織は，いわゆるコア・リジディティーの状態に変異してしまうことになる。こうした状況を回避する意味で組織変革が必要になる。

　組織変革の目的

　組織変革は，マネジメント・イノベーションを実践するための前提条件を整えるためのものであると考えられる。

　継続的に自らを更新できる組織を築くことである。

　そのことはコア・ケイパビリティー形成のためのダイナミック・プロセスが継続して可能になるような組織を構築することにほかならない。

　言い換えれば，継続して組織学習が実践される組織へ変革することが，組織変革の目的であるといえよう。「学習する組織とは，知識を創造，習得，移転するスキルを有し，既存の行動様式を新しい知識や洞察を反映しながら変革できる組織」であり，このような学習促進のためにマネジメントのあり方が重要とされる。

３．企業変革のための条件

　企業の競争力は企業が置かれている環境条件の変化によって，つまり時間経過とともに質的に変化し，いつまでも企業の上方への好循環をもたらすものではない。

企業の競争力は環境変化とともに変質

　環境はこれまでとは異なって著しく変化しており，従来考えられてきた日本企業の競争力である高品質維持といった要因は，欧米企業など諸外国企業のキャッチアップするところになっている。このことがグローバル化の進行下でも強みではあるが，それだけでは真の強みとならず企業経営に影を落としてきたことも事実である。

　企業の競争力は環境変化とともに変質してくると考えなければならない。このような現実の変化から競争力の時間的な変化と企業業績の関係は次のような関係で推移するものであるといえる。

環境変化や競争企業の動向を察知

　企業業績の低下は当初保有していた強い競争力にしばらくは支えられて，緩やかに下降していくと考えられるため，業績の低下や競争力の低下になかなか気がつかない可能性がある。企業が当初，強い競争力と業績をあげていたとしても，環境変化や競争企業の動向を察知せず，競争力が継続して存在していると信じていると，競争力の低下はやがてその後顕著な業績の低下に直面してしまうことになる。

　こうしたケースでは企業はやがて競争力を失い，急激に業績を悪化させることにトップ・マネジメントが判断を誤ってはならないことを示している。一応の業績水準を保っていると，自らの企業の競争力が徐々に低下していることに気がつかず，もし気がついてもそれは一時的なものとして競争企業の動向を無視してしまうことがある。

トップが危機意識をもち，自ら活性化に取り組むこと

　環境の変化，競合企業の戦略の変化によって，企業の業績が悪化する兆候が見られたら，それが一時的な現象であるという判断をするのではなく，トップはこのような兆候に危機意識をもって取り組みその問題の重要性を十分に認識する必要がある。また，業績の低下を特定部門によるものと判断せず，企業全体の競争力の低下にあるとして企業全体を再活性化するため対処策を検討しなければならない。

　トップが危機意識をもつということは，過去の成功体験に執着して現状持続的な経営に陥らず，発想の転換を試みることを意味している。漸進的な環境変化の場合はよいが，過去から学習するのではなく過去を忘れ去ることが重要なのである。急速に変化する環境のもとでは「伝統・知名度」といった過去の企業経営によって蓄積されてきた強みだけでは，企業は持続的な成長を達成することはできない。技術力を背景にした競争力を構築しなければならないのである。

企業家的リーダーシップ

　トップは旺盛な企業家的リーダーシップを発揮して，既存の市場という狭い視野からではなく，ビジネス・チャンスの限界を広げるようにし，将来ビジョンを構想しそれを組織に理解・浸透させ，自ら変革の担い手となることが重要である。トップはこのような将来構想を行い，組織を再活性化させ，戦略的イノベーションの牽引者とならなければならない。

　企業家精神の旺盛なトップはその意思決定にあたって，企業内の各部門からの情報をインフォーマルに収集し，さらに業界ならびに業界外の情報を積極的に収集する傾向が強くより的確に企業の置かれている状況を判断し，変革のリーダーたろうとする傾向が強い。

資源のレバレッジのための組織の構築

イノベーション・ギャップを埋める

トップによって構想された目標と現実とのギャップであるイノベーション・ギャップを埋めるためには，組織内の技能，技術，ノウハウ，情報などのあらゆる資源が組み合わされ，その能力が拡大されなければならない。そのためには将来の事業目標を単純化し，管理者も一般従業員も従来どういう点が悪かったのか，どんな行動が要求されているのかといった変化についての認識ができなければならない。トップの将来構想の組織への理解・浸透は単純化し，明確化することによってよりよく組織で認識されることになる。変革への組織の抵抗の原因になると思われるような古い管理システムを排してしまうことなども必要になる。

組織体制の構築—異質・異能の交配

次に実施されなければならないのは，組織体制の構築である。組織がイノベーション実現に至るギャップを埋め，その能力をレバレッジするという利点をもたらすように，組織を構築することが次の段階である。組織が機能するためには学習する組織としての体制を備えていなければならない。

学習する組織とは戦略商品の開発を，まずは企業内に蓄積されている技術，技能，ノウハウ，情報を有効活用しうる能力にかかっている。企業内のこういった資源を有効利用するためには，組織内の個人個人が自らの専門領域や能力を超えた分野での学習活動がなければならない。事業部や職能部門の間に組織の壁が存在していると，このような異部門を超えた学習活動は不可能となり，部門の利害だけを主張することになり組織の官僚化の弊害が大きくなるばかりになる。

このような欠陥を是正するために異部門交流や異質の交配を試みることが必要になる。このことを果たすのがミドルのカタリストとしての役割である。このような組織体制を構築することによって，組織は将来に向かって学習する能力を備えるようになり，企業内の資源の新しい組み合わせが行われ，レバレッ

ジが実現し，新しい競争力が構築され戦略商品の開発に結びついていくものと
考えられる。

組織再活性化のプロセス

　組織の活性化は，ひとつの段階で実現できるものではありえない。企業自体
に固有の歴史があり，固有の文化が形成されており，トップが自らの信念体系
の変革を試み，それを組織に理解・浸透させてもそれだけで再活性化が実現さ
れるとはいえない。

過去のマネジメント・スタイルを変更

　また再活性化は組織の構造の変革を試みただけでも実現はしない。組織構造
を変更しても，過去から受け継がれてきたマネジメント・スタイルが変更され
なければ，それは効果をもたらすような結果を生まないであろう。組織内の個
人の創造的活動が重視される目的の組織構造の変革であっても，部門重視や計
画とコントロール優先のマネジメント・スタイルが引き続き受け継がれている
とすれば，かえって組織は混乱し人々は組織変革の意図がわからず，どのよう
に行動すべきか判断に困ることになろう。

　第一の段階としては，まずはトップが活性化し，強い企業家的なリーダー
シップを発揮し，組織内外の情報収集に努め，将来ビジョンを構想し明示し，
企業の進むべき目標を組織に理解・浸透させ，企業の現実と目標のギャップを
作ることである。次の段階としては，このイノベーション・ギャップと呼ばれ
るものを埋めるためには，個人個人が担うべき仕事や役割は何であるのかを単
純化して，目標達成のためには，どのような活動が適切であるのかを明らかに
する必要がある。

トップとミドルの情報のフィードバック

　例えば，トップは，ミドルと常に情報のフィードバックを試み，企業の新し
い目標についての相互理解を促進し，ミドルが部下を指導する方向を誤らない
ように配慮することなどがまず必要となる。また，そのような目標のもとで挑
戦意欲を駆り立て，革新に対する抵抗をなくすようなマネジメントのあり方が

提起されなければならないであろう。さもなければ，組織学習が促進されるような土壌ができないからである。それは過去に組織内に定着していたマネジメント・スタイルを変革することを意味している。

　このようにして組織体制が構築されることによって，異部門間の交流をはじめ，人々の学習意欲や挑戦意欲が高められ，組織は活性化し「企業家的」な学習する組織として組織は機能することになる。組織内の資源や能力が有効活用され，新たな資源・能力の組み合わせが実現され，戦略的商品や新市場の開発がその成果となって現れるというレバレッジが効果となって企業を再活性化させ，上方への好循環へとスタートさせることになる。もちろん，このような体制が整えば，外部との戦略的提携の道も開けていくことになる。

戦略的イノベーションへ

　学習する組織は容易には構築できないであろう。人々の行動様式の変革，つまり企業文化の変革が求められるし，マネジメント・プロセスのあり方の変化つまりマネジメント・イノベーションが必要となろう。このような活動が戦略の展開と戦略に結実した場合，戦略的イノベーションという。この点はすでに指摘したとおりである。

　トップは自由な発想が日常からできるように人々に余裕を与えることに努めなければならない。加えて組織横断的活動が可能な環境を作ることが重要となる。

　このような組織変革を行うことによって，学習の場と機会を提供することができるようになる。その際さらなる活動化のために，ミドルの働きかけ，人事評価などによるプロセスの活性化を実践することが重要となる。プロセス戦略と呼ばれる戦略タイプの実践をトップは心掛ける必要があろう。

　プロセス戦略とは前に指摘したように計画的に創発的な戦略のことである。マネジメント陣は戦略形成のプロセスを統制し，組織構造の設計，人員配置，手続き作成等々に介入し，現実的内容は他の人たちに委ねるタイプを指している。

4．組織が自己防衛的にならないために

この課題について述べる前に，多くの組織はなぜ適応的学習（シングル・ループ学習）に秀でていて，創造的学習（ダブル・ループ学習）は不得手であるといわれているのかという点について考える必要がある。この点についてはアージリスがモデル１とモデル２と名づけている人材や組織についての議論を参照しながら，話を進めたい。

自己防衛的な組織の特徴

自己防衛的な組織では「……人々は自分だけで行動戦略を決定し，実行に移す傾向」が強いため人々は次のような思考様式をとる。人は，自分の立場や役割を強化するために指示や命令を出したりするようになる。そのために組織は自己防衛的になり，環境変化に対処できなくなる。つまり適応的学習のみに組織は傾倒していくことになる。

例えば，原材料価格の高騰や景気後退という要因に企業が対処するために新たな解決策を検討するという方策が必要となると考えてみる。適応的学習が行われる組織では，この対策はおそらく原価低減だけを組織の課題として検討するということになるであろう。しかし，コストを低減させ価格を維持あるいは引き下げることで消費者のニーズを満たすことができるのであろうかという問題が出てくる。こうしたときに新たな発想をめぐらす必要がある。つまり創造的学習をとおして画期的な技術の開発・活用をするかコスト低減と顧客価値の見直しをするなどの方策が考えられるであろう。自己防衛的な組織ではこのような発想は生まれないであろう。

そのため，自己防衛的な発想から積極的に問題発見と問題解決にあたるような組織のあり方に変革しなければならないことになる。組織学習とは，組織の知識や価値基盤が変化し，問題解決能力と行動能力の改善に導くプロセスであると一般的に定義されている。

適応的学習と創造的学習

適応的学習とは，環境の変化が過去のトレンド通りに推移するときに，既存の目標を達成するために人々の行動を適応させることを意味している。この姿勢が組織で継続されると，変化を拒むようになり組織は自己防衛的になってしまう。適応的な組織学習はこれまでの延長線上にないような新たな問題解決につながらないことになる。

企業が環境変化のもと，持続的競争優位を確保するためには組織の価値や目標に疑問をもち，組織が目指す方向と再構築の方法を求める学習を喚起することが必要になる。このような学習こそが創造的学習を意味する。そのためには例えば「ホット・グループ」といった熱意ある集団が生まれるマネジメント・イノベーションが実践されなければならないことはすでに指摘したとおりである。

組織学習を実現するためには個人学習を組織学習に橋渡しする必要がある。

個人学習から組織学習へ

個人学習を組織学習へと導く手段が必要となることになる。そこで重要な役割を担うのがミドルにほかならない。

組織学習が行われているような組織は極めて企業家的特性をもち，チームワーク，高い目標，実験といった特色をもったものである。常に知識ベースを拡大し，活用するという目標を持っており，新しい知識を活用して組織学習を行い，イノベーションを実現するためにフィードバック情報を注意深く集め，分析し解釈して全社レベルで適応できる組織であると考えられる。

環境が絶えず変化している状況のもとでは，成熟組織のように0か1の考え方では新たな問題の解決策は発見できなくなる。組織が自己防衛的になるのを防ぐためには，人々が新たな解決策を求めてチームで情報交換を試み，新たな挑戦に取り組むことが大切である。そのためにはカタリストと呼ばれる触媒の役割が重要となる。

５．まとめ

　ここでは，まず組織変革がどのような目的で実践されることになるのかについて要約した。「人間の想像力を抑圧せずにコストを厳しく管理する方法を学ばなくてはならない」とするハメルのマネジメント・イノベーションの重要性を確認した。組織変革は，マネジメント・イノベーションを実践するための前提条件を整えるための活動であると考えられる。コア・ケイパビリティー形成のためのダイナミック・プロセスが継続して可能になるような組織を構築すべきであるということを意味しているにほかならない。つまり学習する組織の構築にほかならない。

　学習する組織とは，知識を創造，習得，移転するスキルを有し，既存の行動様式を新しい知識や洞察を反映しながら変革できる組織であり，このような学習促進のためにマネジメントのあり方が重要とされるのである。

あとがき

　本書が日の目を見ることになったのは，東洋館出版社のご協力にある。改めて感謝の意を表しておきたい。本書はこれまでの筆者が論文，単行本として著した研究結果のエッセンスをまとめるとともに，新たな調査結果などを加え平易に修正し読みやすくするべく努めたつもりである。不備な点はすべて著者の責任である。

　本書がなるにあたっては多くの若い人たちとの研究会での議論がある。遠隔地や学務の中心にいる人々もいる。そのため代表としてここ数年研究会で議論の機会を与えてくれている遠藤健哉（成城大学），山崎秀雄（武蔵大学），山田敏之（大東文化大学），横尾陽道（千葉大学），周炫宗（千葉経済大学）の諸氏に謝意を表したい。遠隔地・学務といった人々の名前を最後に記しておきたい。馬場杉夫（専修大学），清水馨（千葉大学），大前慶和（鹿児島大学），今野喜文（北海学園大学）の諸氏である。

和文参考文献

小宮隆太郎編集『日本の産業政策』東京大学出版会，1984 年

ミンツバーグ著，北野利信訳『人間感覚 のマネジメント』ダイヤモンド社，
　1991 年

J.C. アベグレン著，占部都美監訳『日本の経営』ダイヤモンド社，1958 年

J. バランソン著，牧野昇訳『日本の競争力』ダイヤモンド社，1982 年

S・クレイナー著，梶川達也訳『マネジャーのための経営思想ハンドブック』
　ピアソン・エデュケーション，2002 年

W.G. オオウチ著『セオリー Z』CBS ソニー出版，1981 年

W.W. バーク・W. トラハント著，戦略コンサルティング・サービス事業部訳
　『組織イノベーションの原理』ダイヤモンド社，2000 年

ーズ・マネジメント』講談社，1981 年

『2018 年業界地図』日本経済新聞社

『資料経済白書 25 年』経済企画庁調査局編，日本経済新聞社，1972 年

『昭和 62 年版経済白書』

『平成 7 年度版経済白書』

B- フラー，J. ストップフォード著，石倉洋子訳『成熟企業の復活』文眞堂，
　（デイビッド・ウルリッツ，ノーム・スモールウッド著「組織能力の評価方
　法」DIAMOND ハーバード・ビジネス・レビュー『組織能力の経営論』2007
　年，p.120 ）

M. フリードマン著，熊谷尚夫，西山千明，白井孝昌訳『資本主義と自由』マ
　グロウヒル好学社，1975 年（Milton Friedman, Capitalism and Freedom,
　Chicago Press, 1962）

ウィネイ・クート，ジョン・プランスキー，デニス・キャグラー著，井上貴
　之・堤俊也訳『成長への企業変革』ダイヤモンド社，2017 年

クリス・アージリス著「ダブル・ループ学習とは何か」95 頁（DIAMOND
　ハーバード・ビジネス・レビュー編集部編訳『組織能力の経営論　学び続け

るベスト・プラクティス』ダイヤモンド社，2007 年所収）

十川廣國著『新戦略経営：変わるミドルの役割』文眞堂，2002 年

ジェフリー　A・ティモンズ著，千本倖生訳『ベンチャー創造の理論戦略』ダ
　イヤモンド社，1997 年

ジャコビ，ニール・H.，経団連事務局 訳『自由企業と社会：その現状と将来』
　産業能率短期大学，1973 年

経済同友会『「市場の進化」と社会的責任経営企業の信頼構築と持続的な価値
　創造に向けて』，2003 年

スコット・ペイジ著，水谷淳訳『「多様な意見」はなぜ正しいのか』日経 BP
　社，2009 年

デイビッド・A・ガービン著「『学習する組織』の実践プロセス」，March，DI-
　AMOND ハーバード・ビジネスレビュー，2003 年

レオナルド・バートン，ドロシー著，阿部孝太郎・田畑暁生訳『知識の源泉―
　イノベーションの構築と持続』ダイヤモンド社，2001 年

　デイビッド・A・ガービン著「学習する組織」の実践プロセス」，DAIA-
　MOND，レオナルド・バートン，ドロシー著，阿部孝太郎・田畑暁生訳『知
　識の源泉―イノベーションの構築と持続』ダイヤモンド社 2001 年

マイケル・E・ポーター著，竹内弘高訳『日本の競争力』ダイヤモンド社，
　2001 年

マイケル・E・ポーター，竹内弘高著，榊原磨里子協力『日本の競争戦略』ダ
　イヤモンド社，2001 年

マイケル・ポーター著，土岐坤，中辻萬冶ほか訳『競争優位の戦略』ダイヤモ
　ンド社，1985 年

リチャード・T・パスカル，アンソニー・G・エイソス著，深田祐介訳『ジャ
　パニーズ・マネジメント』講談社，1981 年

ロバート S. オザキ著『米国日系企業の苦悩と対応』日本貿易振興会，1980 年

ロバート・A・フェルドマン著『日本の衰弱：高生産性を取り戻せ』東洋経済
　新報社，1996 年

十川廣國『企業の再活性化とイノベーション』中央経済社，1997年

加護野忠男ほか著『日米企業の経営比較』日本経済新聞社，1983年

岩田龍子『日本的経営の編成原理』文眞堂，1979年

企業活力委員会『わが国企業の活力の源泉』（中間報告）通商産業省産業政策局企業行動課，1983年

機械振興協会『中小製造業におけるエコ・イノベーションの創造と戦略経営の課題』2006年

鬼塚光政著「日本的経営と生産」（伊藤淳巳編『日本的経営の現状と展望』白桃書房，1969年）

亀田速穂著「日本的経営と組織」（伊藤淳巳編『前掲書』）

小池和男著「企業内の幅広い熟練―労働における日本の持ち味」（並木信義編『日本社会の特質』日本経済新聞社，1981年）

吉野洋太郎著，内田幸雄監訳『日本の経営システム』ダイヤモンド社，1975年

慶應義塾大学戦略経営研究会　「『企業変革のマネジメント』に関するアンケート調査』三田商学研究，42巻6号，2000年

慶應義塾大学戦略経営研究会　「『未来創造型経営』に関するアンケート調査』三田商学研究，45巻6号，2003年

慶應義塾大学戦略経営研究会「『新時代の企業行動―継続と変化‐(1)』に関するアンケート調査」，三田商学研究，46巻5号，2004年

慶應義塾大学戦略経営研究会「『新時代の企業行動―継続と変化‐(2)』に関するアンケート調査」，三田商学研究，47巻6号，2005年

慶應義塾大学戦略経営研究会「『戦略経営』に関するアンケート調査」三田商学研究，44巻6号，2001年

経済産業省編『産業構造ビジョン2010』，2010年

指して」『社会イノベーション研究』第4巻第2号，2009年

十川廣國「わが国企業経営の位置づけと経営比較モデル」三田商学研究，26巻6号，1984年

十川廣國著『マネジメント・イノベーション』中央経済社，2009 年

十川廣國ほか「「環境不測時代の経営（2)」に関するアンケート調査」三田商
　学研究，39 巻 2 号

十川廣國ほか「「環境不測時代の経営」に関するアンケート調査」三田商学研
　究，38 巻 3 号

十川廣國ほか「製品イノベーションを誘導する組織プロセス」『社会イノベー
　ション研究』第 5 巻第 2 号，2010 年

十川廣國ほか「イノベーションを生み出す組織―グローバル展開に向けて―」
　『武蔵大学論集』第 64 巻，第 1 号，2016 年

十川廣國著『CSR の本質：企業と市場・社会』中央経済社，2005 年

十川廣國著『経営学入門第 2 版』中央経済社，2017 年

十川廣國著『戦略経営のすすめ』中央経済社，2000 年

十川廣國著『マネジメント・イノベーション』中央経済社，2009 年

十川廣國著『企業の再活性化とイノベーション』中央経済社，1997 年

小宮隆太郎・奥野正寛・鈴村興太郎編『日本の産業政策』東京大学出版会，
　1984 年

経済企画庁『昭和 41 年度年次経済報告』昭和 41 年

森本三男著『企業社会責任の経営学的研究』白桃書房，1994 年

中小企業庁『中小企業白書』2009 年版

「従業員の自由と責任を両立させる経営」DIAMOND ハーバード・ビジネス・
　レビュー，2018 年 8 月

中川多喜雄著「日本的経営の国際的適合性をめぐって」アカデミア経済経営学
　編 70 号，1981 年

通産省産業政策局企業行動課編『新しい経営力指標―定性要因による企業評価
　の試み』1976 年（筆者も委員として参加）

通産省産業政策局企業行動課編『平成 6 年度版総合経営力指標（製造業編)』
　22-23 頁，1995 年（筆者も委員として参加）

通商産業省産業政策局『昭和 62 年総合経営力指標（製造業編)』（筆者も委員

として参加）

内橋克人，奥村宏，佐高信編『危機のなかの日本企業』（日本会社原論①）岩波書店，1994 年

日本経済新聞 2010 年 8 月 15 日朝刊

日本経済新聞 2017 年 12 月 15 日有料会員限定

日本生産性本部『現代経営史』1969 年

野中郁次郎，紺野登著『知力経営』日本経済新聞社，1995 年

英文参考文献

Mintzberg, H & J. A. Waters, Of Strategies, Deliberate and Emergent, in *Readings in Strategic Management* edited by D. Asch & C. Bowman, Macmillan, 1989

Argyris, Chris, Double Loop Learning in Organizations, *Harvard Business Review*, Sept. –Octb., 1977

Beauchamp, L. and Bowie, Norman Eeditor, *Ethical Theory and Business*, Prentice Hall, 1993

Burke, Warner, W., and Trahant, W., with Koonce, Richard, *Business Climate Shifts*, 1999

Skarzynski,Peter and Gibson,Rowan, *Innovation to The Core,Harvard Business Press*, 2008

Denison, Daniel R, *Corporate Culture and Organization Effectiveness*, 1997

Baden, Fuller, Charles and Stopford, John M. *Rejuvenating the Mature Business, Routeledge*, 1992

Garvin, David A, Building A Learning Organization, *Harvard Business Review*, July–August, 1993

Hamel, Gary, The *Future of Management, Harvard Business School* Press, 2007

Jacoby, Neil H, *Corporate Power and Social Responsibility*, Macmillan, 1971

Jaeger Alfred M., Baliga, B. R, Control Systems and Strategic Adaptation : Lessons from the Japanese Experience, *Strategic Management Journal, Vol. 6, No.2*, 1985

Leonard-Barton, Dorothy, *Wellspring of Knowledge*, Harvard Business School Press, 1995

Mintzberg, Henry, Mintzberg *On Management-Inside Our Strange World Of Organizations*, Free Press, 1989

Schonberger, R. *Japanese Manufacturing Techniques*, Free Press 1982

Porter, Michael E. & Hirotaka Takeuchi in cooperation with Mariko Sakakibara, *Can Japan Compete?*, Free Press, 2000

Schonberger, R, Japanese Manufacturing Techniques, Free Press, 1982

Schuman, Paul A., Jr., Creativity and Innovation in *Large Organizations, Generating Creativity and Innovation in Large Bureaucracies* edited by R. L. Kuhn, Quorum Books. 1993

Tsurumi, Yoshi, Japanese Business Organization, *in Business and Society in Japan*, edited by B. M. Richardson, T. Ueda, Prager, 1981 (p.31)

Ulrich, Dave and Smallwood, Norm, Capitalizing on Capabilities, *Harvard Business Review*, June 2004

Yoshino, Michael Y., *Japan's Managerial System*, The MIT Press, 1968

【著者略歴】

十川 廣國（そがわ・ひろくに）

慶應義塾大学名誉教授，成城大学名誉教授

商学博士（慶應義塾大学）

1942 年，大阪生まれ

1966 年，慶應疑似九大学商学部卒業

1971 年，同大学院博士課程単位取得満期退学

慶應義塾大学商学部長，公認会計士第 2 次試験委員，通産省経営力委員会委員
などを歴任

主な著書

『現代企業論』森山書店，1983 年

『企業家精神と経営戦略』森山書店，1991 年

『企業の再活性化とイノベーション』中央経済社，1997 年

『戦略経営のすすめ』中央経済社，2000 年

『新戦略経営・変わるミドルの役割』文眞堂，2002 年

『組織力の経営』中央経済社，2002 年

『ＣＳＲの本質』中央経済社，2005 年

『経営学イノベーション〈1〉経営学入門』中央経済社，2006 年

『経営学イノベーション〈2〉経営戦略論』（編著）中央経済社，2006 年

『経営学イノベーション〈3〉経営組織論』（編著）中央経済社，2006 年

『マネジメント・イノベーション』中央経済社中央経済社，2009 年

変動期を乗り越えるためのマネジメント

2020（令和2）年6月25日　初版第1刷発行

著　者：十川廣國
発行者：錦織 圭之介
発行所：株式会社 東洋館出版社
　　　　〒113-0021　東京都文京区本駒込5-16-7
　　　　営業部　TEL 03-3823-9206 ／ FAX 03-3823-9208
　　　　編集部　TEL 03-3823-9207 ／ FAX 03-3823-9209
　　　　振　替　00180-7-96823
　　　　Ｕ Ｒ Ｌ　http://www.toyokan.co.jp

印刷・製本：藤原印刷株式会社
装　丁：國枝達也

ISBN978-4-491-04164-3 ／ Printed in Japan